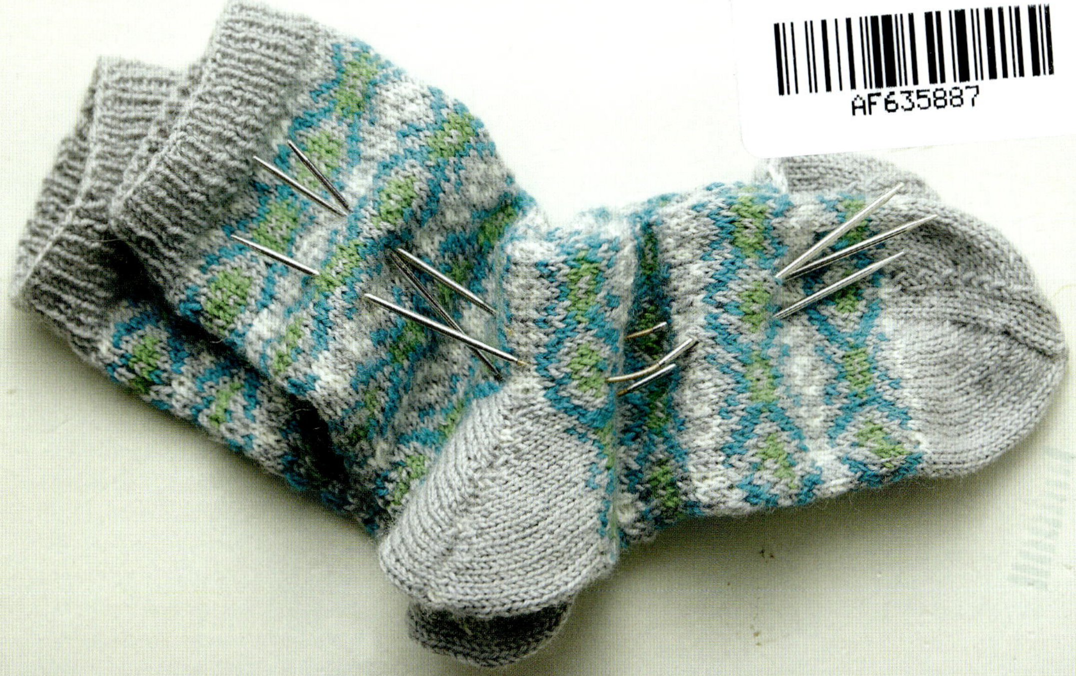

Was gibt es an einem klirrend-kalten Wintertag schöneres als ein Paar kuschelige handgestrickte Socken? Wenn da nicht dieses komplizierte Hantieren mit gleich 5 Nadeln wäre ... Vergessen Sie's! Mit dem neuen CraSyTrio kann jeder Socken stricken, denn die 3 Nadeln mit flexiblem Mittelteil sind viel einfacher in der Handhabung als das klassische Nadelspiel. So gelingt auch Einsteigern das erste eigene Sockenpaar im Handumdrehen.

Ob lustige Ringel, luftige Ajourmuster oder interessante Strukturmuster: Die vielfältigen Anleitungen in diesem Buch laden zum Ausprobieren und Nachmachen ein. Entdecken auch Sie die neue Lust des Sockenstri-ckens ohne Nadelspiel!

Leichtgewicht

zartes Ajourmuster

GRÖSSE
36/37

MATERIAL

- Schachenmayr Regia 4-fädig (LL 210 m/50 g) in Hellblau (Fb 1945), 100 g
- addiCraSyTrio 2,5 mm

MASCHENPROBE
Glatt rechts
mit Nd 2,5 mm
30 M und 42 R
= 10 cm x 10 cm

Glatt rechts

In Hinr rechte M, in Rückr linke M str.
In Rd alle M rechts str.

Ajourmuster

In allen Rd nach der Strickschrift arb, dabei den Rapport von 10 M und die 1.-4. Rd fortlaufend wdh.

■	■	−	■	◆	■	■	−	■	■	4
■	■	−	◣	○	○	◢	−	■	■	3
■	■	−	■	■	■	■	−	■	◆	2
○	◢	−	■	■	■	■	−	◣	○	1

Rapport = 10 M

■ = 1 Masche rechts
− = 1 Masche links
◢ = 2 Maschen rechts zusammenstricken
◆ = 1 Masche rechts verschränkt: in den hinteren Teil der Masche stechen, Faden holen und rechts stricken
◣ = 1 Masche wie zum Rechtsstricken abheben, nächste Masche rechts stricken, abgehobene Masche überziehen
○ = 1 Umschlag

Anleitung

60 M anschl, gleichmäßig auf 2 Trio-Nd verteilen (= 30 M pro Nd) und zur Rd schließen, ohne die Anschlagkante zu verdrehen. Für die Mäusezähnchenkante 5 Rd glatt rechts str. In der folgenden Rd immer im Wechsel 2 M rechts zusammenstr und 1 U arb. Noch 4 Rd glatt rechts str. Dann die Socke so falten, dass die linken M innen liegen, in der nächsten Rd vor jeder M je 1 M der Anschlagkante auf die linke Nd heben und beide M rechts zusammenstr.
Für den Schaft 10 cm im Ajourmuster str und dann die Ferse vorbereiten. Dafür in den nächsten 4 Rd über die M der 1. Nd glatt rechts, über die M der 2. Nd noch im Ajourmuster str. Dann die Bumerangferse und den Fuß nach der Grundanleitung (siehe „So wird's gemacht") arb, dabei für den Fuß die M der 1. Nd glatt rechts, die M der 2. Nd im Ajourmuster arb.
In 18,5 cm Fußlänge eine Bandspitze nach der Grundanleitung (siehe „So wird's gemacht") str.
Die 2. Socke genauso arb.

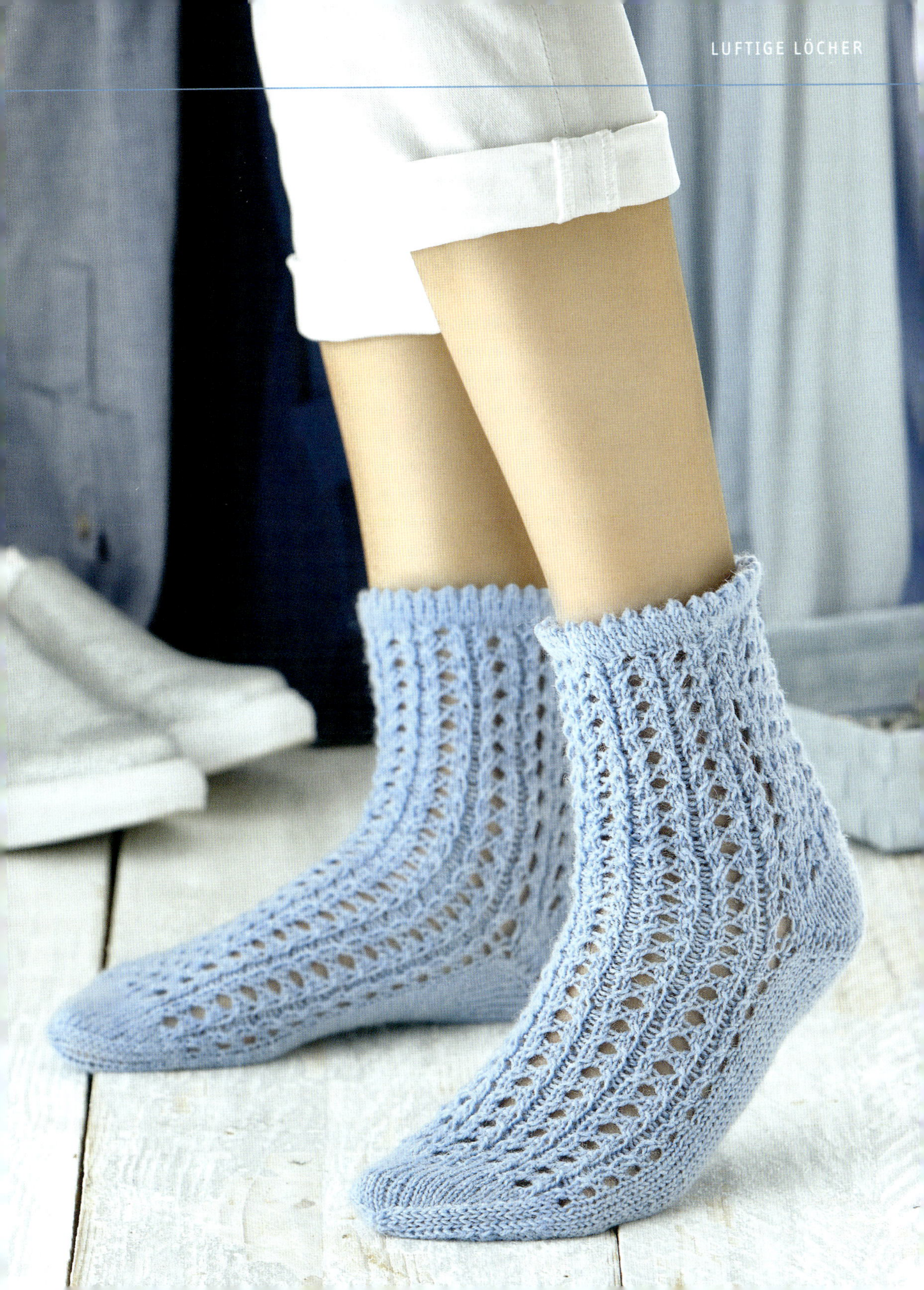

Drehmoment

patentes Zopfmuster

GRÖSSE
38/39

MATERIAL
- Schachenmayr Regia 4-fädig (LL 420 m/100 g) in Holz meliert (Fb 2070), 100 g
- addiCraSyTrio 2,5 mm
- ggf. 2 Maschenmarkierer
- Zopf- oder Hilfsnadel

MASCHENPROBE
Glatt rechts mit Nd 2,5 mm
30 M und 42 R
= 10 cm x 10 cm

Glatt rechts

In Hinr rechte M, in Rückr linke M str.
In Rd alle M rechts str.

Bündchenmuster

1 M rechts, 1 M links im Wechsel str. Für die M-Einteilung siehe auch Strickschrift unter der gestrichelten Linie.

Patent-Zopfmuster

In allen Rd nach der Strickschrift über der gestrichelten Linie str, dabei den Rapport von 16 M und die 1.-8. Rd fortlaufend wdh.

Anleitung

64 M anschl, gleichmäßig auf 2 Trio-Nd verteilen (= 32 M pro Nd) und zur Rd schließen, ohne die Anschlagkante zu verdrehen. Dann 8 cm im Bündchenmuster str.
Im Patent-Zopfmuster weiterarb. In etwa 20 cm Schaftlänge, nach einer 4. Rd des Patent-Zopfmusters, von jeder Nd die ersten 4 M auf die Nd davor heben, der Rd-Beginn verschiebt sich dadurch (siehe Markierung in der Strickschrift).

Nun die Ferse vorbereiten. Dafür in den nächsten 4 Rd über die M der 1. Nd glatt rechts, über die M der 2. Nd weiter im Patent-Zopfmuster str, dabei in der 1. Rd auf der 1. Nd gleichmäßig verteilt 2x 2 M rechts zusammenstr (= 30 M auf der 1. Nd).
Über die ersten 3 M und über die letzten 4 M der 2. Nd ebenfalls glatt rechts str, über die 25 M dazwischen das Patent-Zopfmuster mit 1 Zopf fortsetzen. Bei Bedarf 2 M-Markierer einsetzen.
Nun die Bumerangferse und den Fuß nach der Grundanleitung (siehe „So wird's gemacht") arb, dabei die Mustereinteilung wie vor Fersenbeginn beibehalten und das Patent-Zopfmuster mit 1 Zopf über die 25 M der 2. Nd fortführen.
In 20 cm Fußlänge 1 Rd rechte M str, dabei über den M der 2. Nd gleichmäßig verteilt 2x 2 M rechts zusammenstr (= 30 M auf der 2. Nd, 60 M insgesamt).
Dann die Bandspitze nach der Grundanleitung (siehe „So wird's gemacht") arb.
Die 2. Socke genauso str.

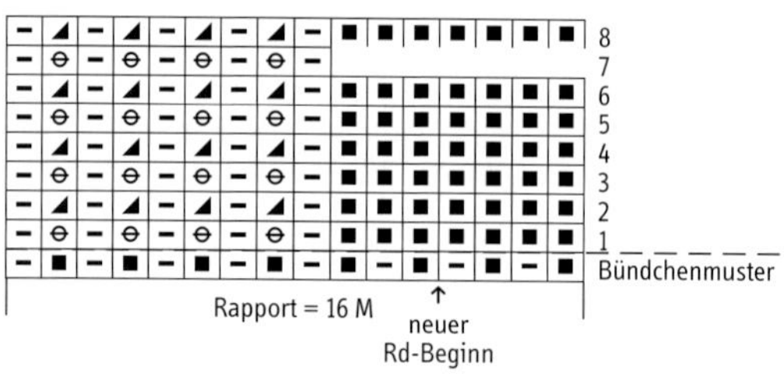

■ = 1 Masche rechts
– = 1 Masche links
⊖ = 1 Masche mit 1 Umschlag wie zum Linksstricken abheben
◢ = Die Masche mit dem Umschlag rechts zusammenstricken
——— = 4 Maschen auf einer Hilfsnadel vor die Arbeit legen, 3 Maschen rechts stricken, dann die 4 Maschen der Hilfsnadel rechts stricken

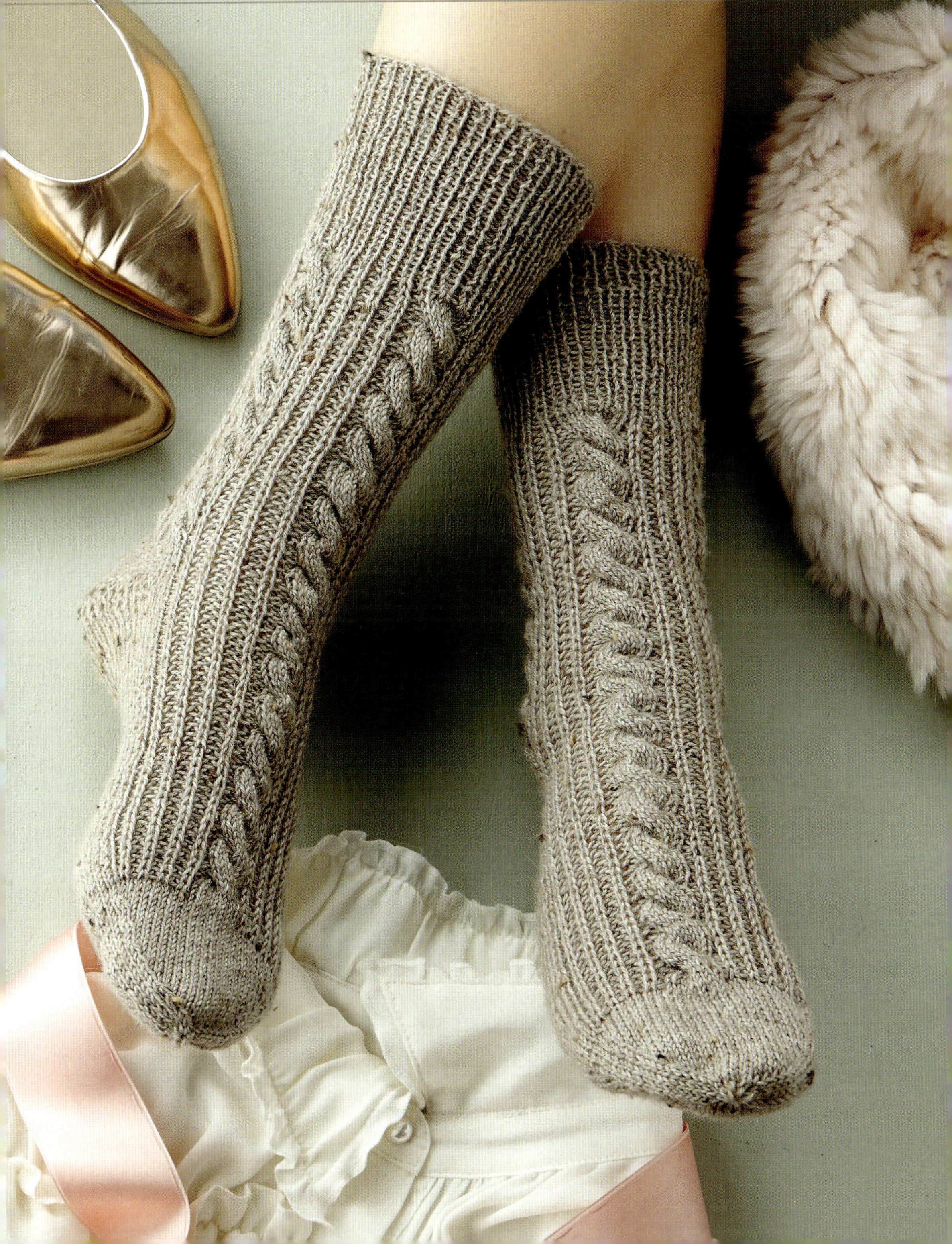

Mustergültig

lebhafte Jacquardmuster

Glatt rechts

In Hinr rechte M, in Rückr linke M str. In Rd alle M rechts str.

Kraus rechts

In Rd 1 Rd rechte M und 1 Rd linke M im Wechsel str.

Jacquardmuster A

M-Zahl teilbar durch 4.
1.+2. Rd: 2 M in Fb 1, 2 M in Fb 2 im Wechsel str.
3.+4. Rd: 2 M in Fb 2, 2 M in Fb 1 im Wechsel str.

Jacquardmuster B

Glatt rechts nach dem Zählmuster str. Den Rapport von 4 M und die 1. und 2. Rd fortlaufend wdh.

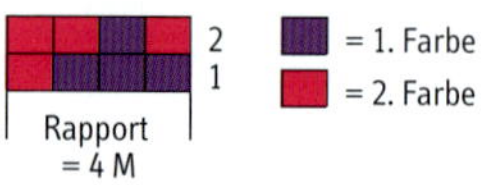

Söckchen in Blau

52 M in Pflaume anschl, gleichmäßig auf 2 Trio-Nd verteilen (= 26 M pro Nd) und zur Rd schließen, ohne die Anschlagkante zu verdrehen.
Zunächst 8 Rd kraus rechts str. Dann für die Biese 1 Rd rechte M in Pflaume und über 6 Rd glatt rechts 2 M in Aqua Fresh und 2 M in Pflaume im Wechsel str. Die folgende Rd in Pflaume arb, dabei vor jeder M von der Innenseite der Socke das oben liegende Querglied der linken M aus der 1. Rd auf die Nd heben und mit der M rechts zusammenstr.
Weiter 5 cm glatt rechts in Pflaume, dann 4 Rd im Jacquardmuster A (Fb 1 = Pflaume, Fb 2 = Royal) und 4 Rd glatt rechts in Royal arb.
Nun die Bumerangferse nach der Grundanleitung (siehe „So wird's gemacht") str. Dabei die 1. Hälfte der Ferse in Royal str, die letzte Rd ist 1 Rd glatt rechts über alle M in Royal. Dann die Fb wechseln und die 2. Fersenhälfte in Aqua Fresh arb, beginnend mit 1 Rd glatt rechts über alle M.
Nach der Ferse noch 4 Rd glatt rechts in Aqua Fresh str, dann 4 Rd im Jacquardmuster A (Fb 1 = Pflaume, Fb 2 = Aqua Fresh) arb.
Anschließend glatt rechts in Pflaume weiterstr. In ca. 13 cm Fußlänge noch 4 Rd glatt rechts in Royal arb, in 14 cm Fußlänge die Bandspitze nach der Grundanleitung (siehe „So wird's gemacht") in Aqua Fresh str.
Die 2. Socke genauso str.

Söckchen in Pink

52 M in Kardinal anschl, gleichmäßig auf 2 Trio-Nd verteilen (= 26 M pro Nd) und zur Rd schließen, ohne die Anschlagkante zu verdrehen.
Für den 1. Rollrand ca. 4 cm glatt rechts str. Dann mit einem 2. Set Trio-Nd für den 2. Rollrand 52 M in Pink Lady anschl und ca. 3 cm glatt rechts str. Den 2. Rollrand über den 1. Rollrand stülpen und je 1 M beider Nd in Pflaume rechts zusammenstr.
Weiter 6 cm glatt rechts in Pflaume, dann 2 Rd im Jacquardmuster B (Fb 1 = Pflaume, Fb 2 = Kardinal) und noch 4 Rd glatt rechts in Kardinal arb.
Nun die Bumerangferse nach der Grundanleitung (siehe „So wird's gemacht") str. Dabei die 1. Hälfte der Ferse in Kardinal str, die letzte Rd ist 1 Rd glatt rechts über alle M in Kardinal. Dann die Fb wechseln und die 2. Fersenhälfte in Pink Lady arb, beginnend mit 1 Rd glatt rechts über alle M.
Nach der Ferse noch 4 Rd glatt rechts in Pink Lady, dann 2 Rd im Jacquardmuster B (Fb 1 = Pink Lady, Fb 2 = Pflaume) str. In Pflaume glatt rechts weiterarb. In ca. 13 cm Fußlänge noch 4 Rd glatt rechts in Kardinal str, in 14 cm Fußlänge die Bandspitze nach der Grundanleitung (siehe „So wird's gemacht") in Pink Lady arb.
Die 2. Socke genauso str.

GRÖSSE
28/29

MATERIAL SÖCKCHEN IN BLAU

- Schachenmayr Regia 4-fädig (LL 210 m/50 g) in Pflaume (Fb 2205), Aqua Fresh (Fb 6614) und Royal (Fb 540), je 50 g
- addiCraSyTrio 2,5 mm

SÖCKCHEN IN PINK

- Schachenmayr Regia 4-fädig (LL 210 m/50 g) in Pflaume (Fb 2205), Pink Lady (Fb 6618) und Kardinal (Fb 1078), je 50 g
- 2 addiCraSyTrios 2,5 mm

MASCHENPROBE
Glatt rechts mit Nd 2,5 mm
30 M und 42 R = 10 cm x 10 cm

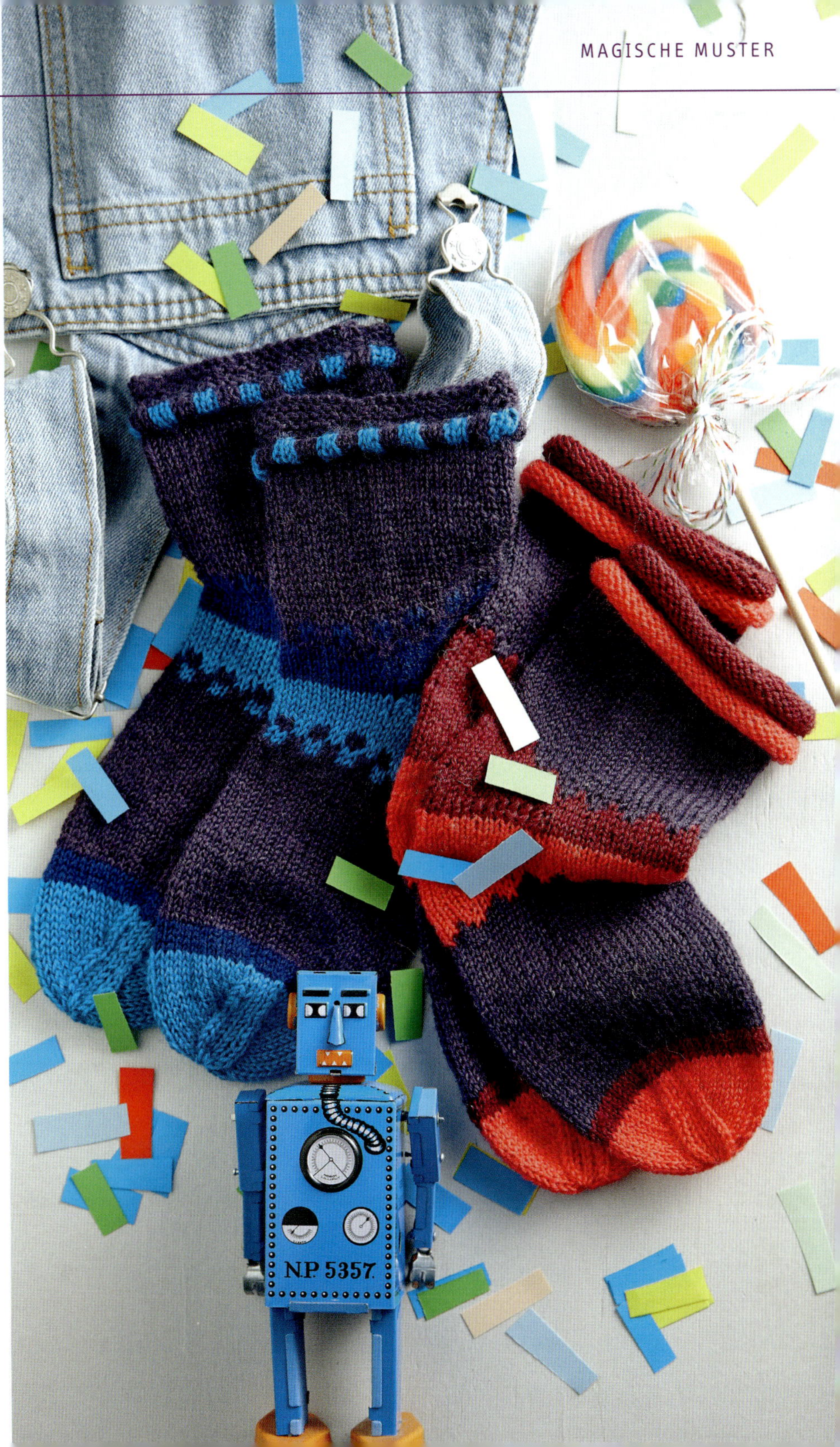

Diese Socken bestechen durch raffinierte Details.

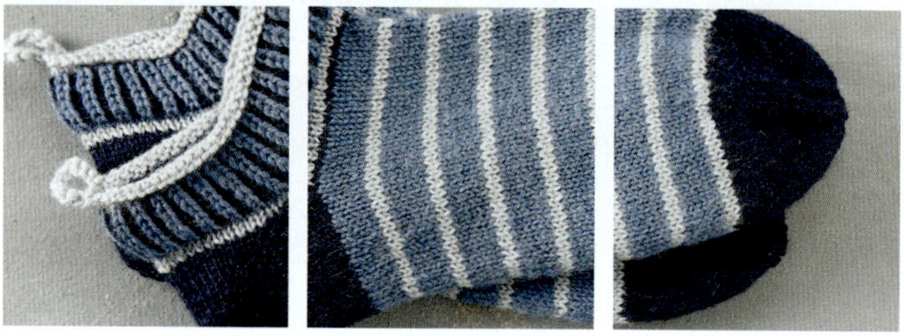

Kurz und knapp

Sneakersocken mit Rollrand

GRÖSSE
38/39

MATERIAL
- Schachenmayr Regia 4-fädig (LL 210 m/50 g) in Taubenblau (Fb 1970), Marine (Fb 324) und Hellgrau (Fb 1968), je 50 g
- addiCraSyTrio 2,5 mm
- Häkelnadel 3,0-3,5 mm

MASCHENPROBE
Glatt rechts
mit Nd 2,5 mm
30 M und 42 R
= 10 cm x 10 cm

Glatt rechts

In Hinr rechte M, in Rückr linke M str.
In Rd alle M rechts str.

Zweifarbiges Halbpatent

Gerade M-Zahl.
1. Rd (Taubenblau): Alle M rechts str.
2. Rd (Marine): Alle M links str.
3. Rd (Taubenblau): * 1 M links, dann 1 M rechts str, dabei 1 Rd tiefer einstechen und so die M der Vor-Rd auflösen, ab * fortlaufend wdh.
Die 2. und 3. Rd fortlaufend wdh.

Anleitung

60 M in Hellgrau anschl, gleichmäßig auf 2 Trio-Nd verteilen (= 30 M pro Nd) und zur Rd schließen, ohne die Anschlagkante zu verdrehen.
Für den Rollrand 3 Rd glatt rechts str. Danach 15 Rd (= 2,5 cm) im zweifarbigen Halbpatent, dann 1 Rd glatt rechts in Taubenblau und 2 Rd glatt rechts in Hellgrau arb.
Nun die Bumerangferse nach der Grundanleitung (siehe „So wird's gemacht") in Marine str. Danach weiter glatt rechts jeweils im Wechsel 6 Rd in Taubenblau und 2 Rd in Hellgrau arb.
In 20 cm Fußlänge die Bandspitze nach der Grundanleitung (siehe „So wird's gemacht") in Marine str.
Zuletzt in der hinteren Mitte an den Anschlagrand mit doppeltem Faden in Hellgrau eine Schlaufe aus 10 Lm häkeln.
Die 2. Socke genauso arb.

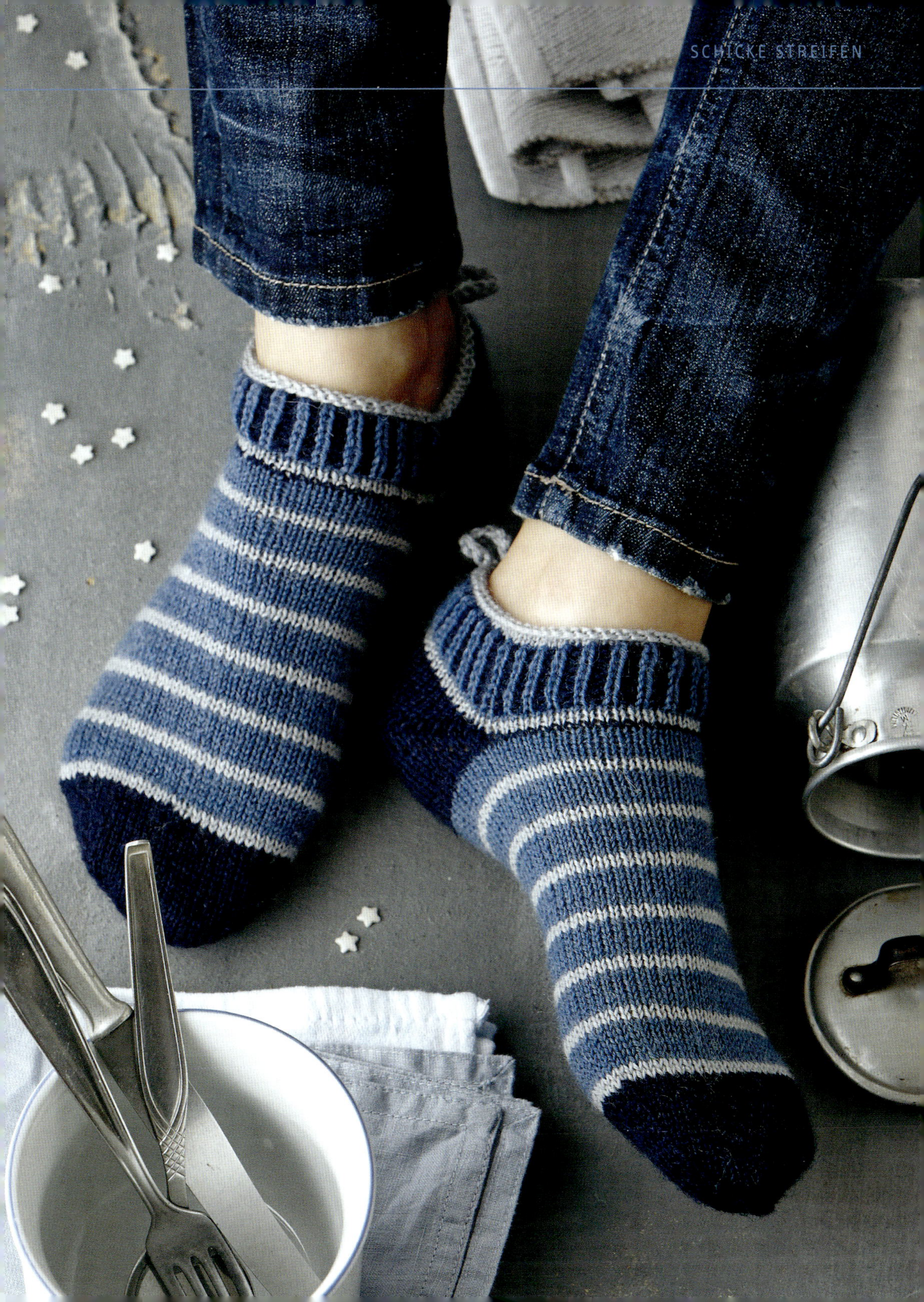

Einzelgänger

freche Zehensocken

Glatt rechts

In Hinr rechte M, in Rückr linke M str. In Rd alle M rechts str.

Anleitung

60 M in Hochrot anschl, gleichmäßig auf 2 Trio-Nd verteilen (= 30 M pro Nd) und zur Rd schließen, ohne die Anschlagkante zu verdrehen.
Für den 1. Rollrand ca. 4 cm glatt rechts str. Dann mit einem 2. Set Trio-Nd für den 2. Rollrand 60 M in Gelb anschl und ca. 3 cm glatt rechts str. Den 2. Rollrand über den 1. Rollrand stülpen und je 1 M beider Nd in Hochrot rechts zusammenstr. Weiter glatt rechts in Hochrot arb.
Nach ca. 7 cm Schaftlänge die Bumerangferse und den Fuß nach der Grundanleitung (siehe „So wird's gemacht") str.
In 20 cm Fußlänge eine einseitige Bandspitze mit extra gestricktem großen Zeh wie folgt arb: Bei der rechten Socke für den großen Zeh 20 M stilllegen, jeweils 10 M am Ende der 1. Nd und 10 M am Beginn der 2. Nd. Für den Steg zwischen dem großen und dem anschließenden Zeh zu den restlichen M für die einseitige Bandspitze 4 M neu anschl. Dafür die M der 1. Nd rechts str, in die letzte M der 1. Nd einstechen, den Faden holen, durch die Schlinge ziehen und die so entstandene neue M auf die linke Nd heben. Mit dem Zeigefinger den Faden fest anziehen. Aus dieser M jeweils die nächste M herausstr, bis 4 neue M aufgestrickt sind, die M der 2. Nd rechts str.
Danach die einseitige Bandspitze über 44 M arb, dafür die Steg-M auf die 1. und 2. Nd verteilen. In den Abnahme-Rd die 1. M der 1. Nd rechts str, dann die 2. und 3. M rechts überzogen zusammenstr. Die restlichen M bis 3 M vor Ende der 2. Nd rechts str, dann 2 M rechts zusammenstr, 1 M rechts.
Diese Abnahmen 3x in jeder 2. Rd und 6x in jeder Rd wdh (= 24 M). In den folgenden 4 Rd je 2 M pro Nd abnehmen. Dafür bei der 1. Nd die 1. M rechts str, die 2. M rechts abheben, die folgenden 2 M rechts zusammenstr und die abgehobene M darüber ziehen. Auf der 2. Nd bis 4 M vor Nd-Ende str, die folgenden 3 M rechts zusammenstr, 1 M rechts. Die letzten 8 M mit doppeltem Faden fest zusammenziehen.
Bei der linken Socke für den großen Zeh 20 M am Anfang der 1. Nd und am Ende der 2. Nd stilllegen und die einseitige Bandspitze am Ende der 1. Nd und am Anfang der 2. Nd arb.
Die großen Zehen jeweils in Gelb arb. Dafür zu den stillgelegten M aus den Steg-M 4 M auffassen (= 24 M) und die M gleichmäßig auf zwei Nd verteilen. Bis Spitzenbeginn 4 cm glatt rechts str und dann eine Bandspitze nach der Grundanleitung (siehe „So wird's gemacht") arb. Die Abnahmen 2x in jeder 2. Rd und 2x in jeder Rd wdh (= 8 M). Die M mit doppeltem Faden fest zusammenziehen.

Maschenzahl für Zehensocken für 4-fädiges Sockengarn

Größe	20/21	22/23	24/25	26/27	28/29	30/31	32/33	34/35	36/37	38/39	40/41	42/43	44/45	46/47	48/49	50/51
M-Zahl ges/Nd	44/22	44/22	48/24	48/24	52/26	52/26	56/28	56/28	60/30	60/30	64/32	64/32	68/34	72/36	72/36	76/38
M für großen Zeh ohne Steg-M	14	14	16	16	18	18	18	18	20	20	22	22	24	26	26	26
Neue M für Steg	2	2	2	2	2	2	3	3	3	4	4	5	6	6	6	7
M-Zahl ges für großen Zeh	16	16	18	18	20	20	21	21	23	24	26	27	30	32	32	33

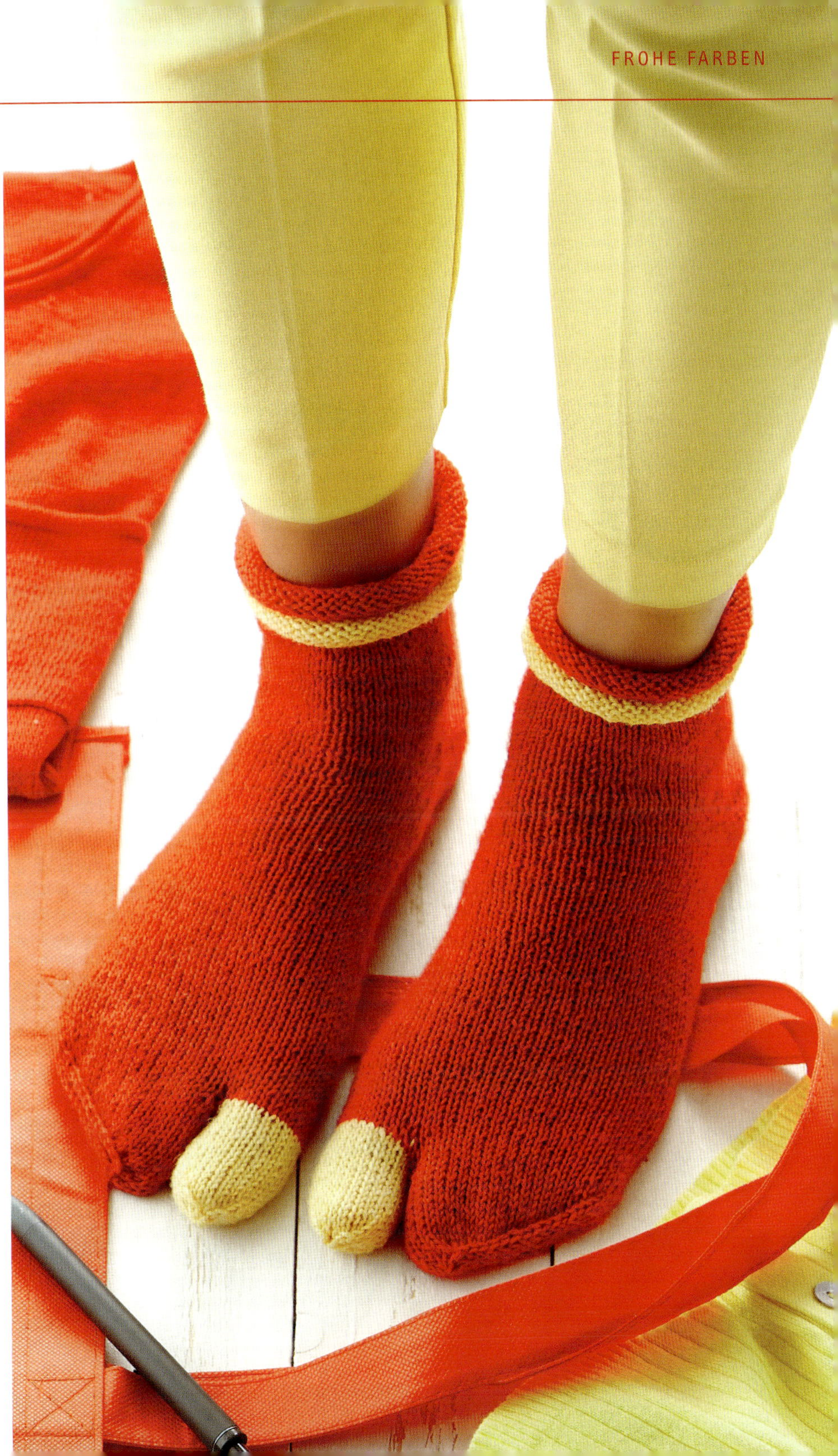

GRÖSSE
38/39

MATERIAL

- Schachenmayr Regia 4-fädig (LL 210 m/50 g) in Hochrot (Fb 2054), 100 g, und in Gelb (Fb 2041), 50 g
- 2 addiCraSyTrios 2,5 mm

MASCHEN-PROBE
Glatt rechts mit Nd 2,5 mm 30 M und 42 R = 10 cm x 10 cm

Nordlicht

kuscheliges Norwegermuster

GRÖSSE
39/40

MATERIAL
- Schachenmayr Regia 4-fädig (LL 210 m/50 g) in Loden (Fb 1994), 100 g, und in Natur (Fb 1992), 50 g
- addiCraSyTrio 2,5 mm

MASCHENPROBE
Glatt rechts mit Nd 2,5 mm
30 M und 42 R = 10 cm x 10 cm

Bündchenmuster

2 M rechts, 2 M links im Wechsel str.

Jacquardmuster

Glatt rechts nach dem Zählmuster str. Den Rapport von 30 M insgesamt 2x arb, die 1.-29. Rd fortlaufend wdh.

Pünktchenmuster

1. Rd: 1 M rechts in Natur, 1 M rechts in Loden im Wechsel str.
2. Rd: 1 M rechts in Loden, 1 M rechts in Natur im Wechsel str.
Die 1. und 2. Rd fortlaufend wdh.

Anleitung

60 M in Natur anschl, gleichmäßig auf 2 Trio-Nd verteilen (= 30 M pro Nd) und zur Rd schließen, ohne die Anschlagkante zu verdrehen. 8 cm im Bündchenmuster str. Danach für den Schaft 2x die 1.-29. Rd (= 58 Rd, ca. 14 cm) des Jacquardmusters arb. Nun die Bumerangferse nach der Grundanleitung (siehe „So wird's gemacht") in Natur str.
Anschließend weiter bis zur Spitze über die M der 1. Nd im Pünktchenmuster, über die M der 2. Nd 2x die 1.-29. Rd (= 58 Rd, ca. 14 cm) des Jacquardmusters für den Fuß arb. Nach Ende der 29. Rd glatt rechts in Natur str.
In 21,5 cm Fußlänge die Bandspitze nach der Grundanleitung (siehe „So wird's gemacht") in Natur str.
Die 2. Socke genauso str.

Mein Tipp für Sie

Spannend Damit das Jacquardmuster schön glatt wird, vor dem ersten Tragen die Socken über ein rundes Gefäß mit ca. 8 cm Durchmesser spannen, anfeuchten und trocknen lassen.

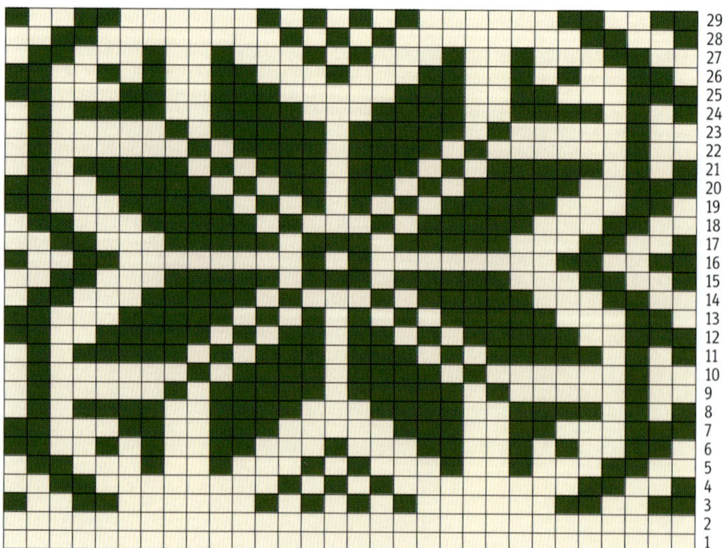

Rapport = 30 Maschen

☐ = 1 Masche rechts in Natur
■ = 1 Masche rechts in Loden

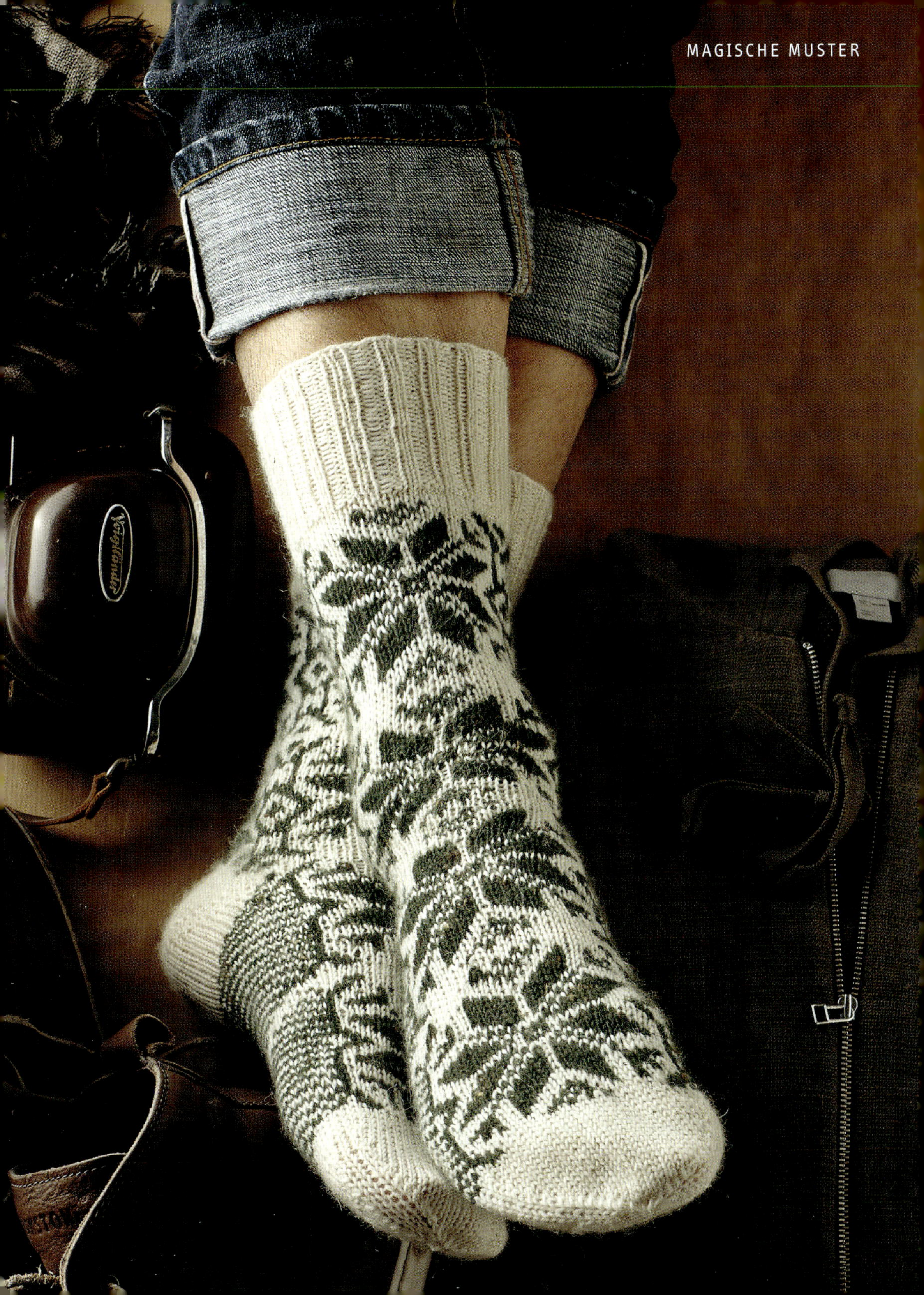

Sterntaler

raffiniertes Sternchenmuster

GRÖSSE
40/41

MATERIAL
- Schachenmayr Regia 4-fädig (LL 210 m/50 g) in Superweiß (Fb 2080), Hellblau (Fb 1945) und Kirsche (Fb 2002), je 50 g
- addiCraSyTrio 2,5 mm

MASCHENPROBE
Glatt rechts
mit Nd 2,5 mm
30 M und 42 R
= 10 cm x 10 cm

Bündchenmuster

2 M rechts, 2 M links im Wechsel str.

Glatt rechts

In Hinr rechte M, in Rückr linke M str.
In Rd alle M rechts str.

Sternchenmuster

In allen Rd nach der Strickschrift str. Den Rapport von 4 M und die 1.-8. Rd fortlaufend wdh.

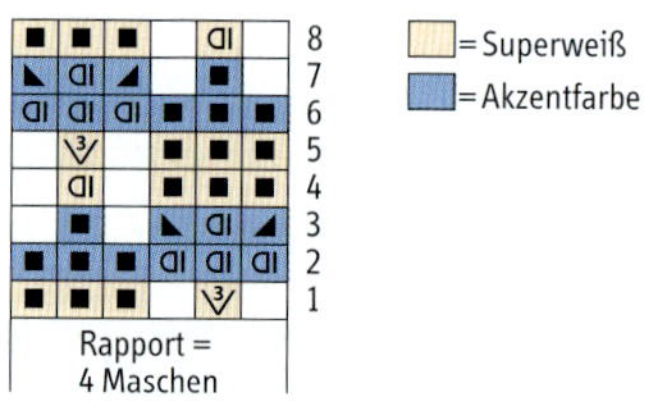

= 1 Masche wie zum Linksstricken abheben mit dem Faden hinter der Masche

= 3 Maschen aus einer stricken: 1 Masche rechts, 1 Umschlag, 1 Masche rechts

= 1 Masche rechts

= 2 Maschen rechts zusammenstricken

= 1 Masche wie zum Rechtsstricken abheben, nächste Masche rechts stricken, abgehobene Masche überziehen

= keine Bedeutung, dient der besseren Übersicht

Mein Tipp für Sie

Rapport beachten Wenn Sie die Socken in einer anderen Größe arbeiten, das Sternchenmuster für den Fußrücken über die mittleren Maschen der 2. Nadel stricken (= Maschenzahl teilbar durch 4). Die Maschen rechts und links davon glatt rechts stricken.

Anleitung

64 M in Hellblau anschl, gleichmäßig auf 2 Trio-Nd verteilen (= 32 M pro Nd) und zur Rd schließen, ohne die Anschlagkante zu verdrehen. 8 cm im Bündchenmuster str. Anschließend im Sternchenmuster arb, dabei in den ersten 12 Rd Hellblau als Akzent-Fb einsetzen, in den nächsten 20 Rd Kirsche als Akzent-Fb verwenden. Nochmals 12 Rd mit Hellblau als Akzent-Fb und 15 Rd mit Kirsche als Akzent-Fb str.

Dann die nächsten 4 Rd wie folgt arb: Über die M der 1. Nd 2 Rd glatt rechts in Superweiß und 2 Rd glatt rechts in Kirsche, über die M der 2. Nd weiter im Sternchenmuster mit Kirsche.

Anschließend die Bumerangferse in Superweiß nach der Grundanleitung (siehe „So wird's gemacht") arb, dabei in den Zwischen-Rd das Sternchenmuster über die M der 2. Nd beibehalten.

Nach der Ferse noch weitere 12 Rd im Sternchenmuster mit Kirsche str, dann nochmals die Akzent-Fb wechseln und mit Hellblau weitere 36 Rd str. Für die nächsten 16 Rd Kirsche als Akzent-Fb einsetzen. Anschließend mit Hellblau als Akzent-Fb bis zur Spitze arb. Die M der 1. Nd dabei jeweils in der aktuellen Fb rechts str.

In 21 cm Fußlänge, nach einer 3. oder 7. Rd des Sternchenmusters, die Bandspitze nach der Grundanleitung (siehe „So wird's gemacht") in Hellblau arb. Zum Schluss das Bündchen zur Hälfte nach außen umschlagen. Die 2. Socke genauso str.

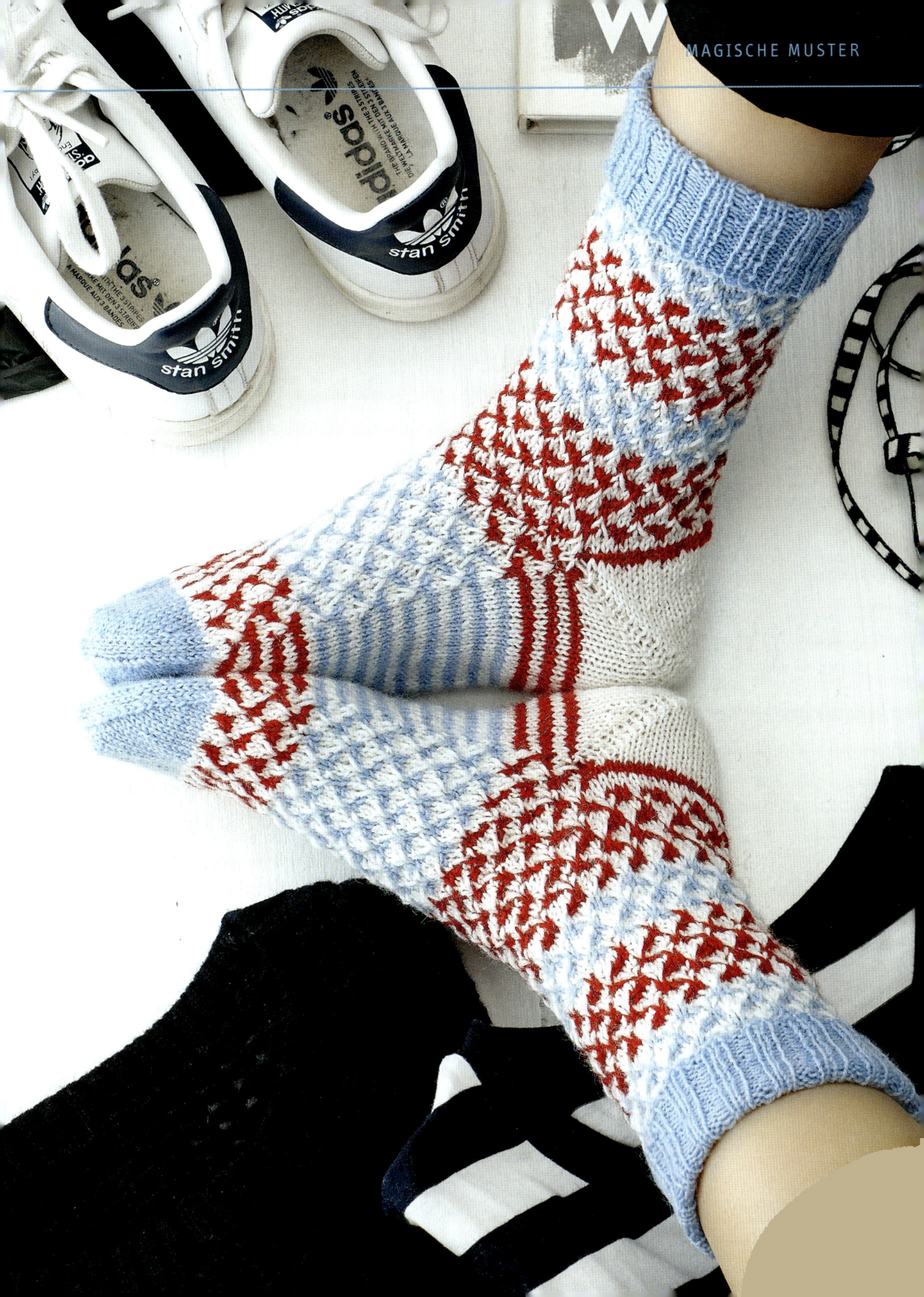

Auf Zack

spannendes Hebemaschenmuster

GRÖSSE
38/39

MATERIAL

- Schachenmayr Regia 4-fädig (LL 210 m/50 g) in Royal (Fb 540), Hochrot (Fb 2054) und Superweiß (Fb 2080), je 50 g
- 2 addiCraSyTrios 2,5 mm

MASCHENPROBE
Glatt rechts
mit Nd 2,5 mm
30 M und 42 R
= 10 cm x 10 cm

Glatt rechts

In Hinr rechte M, in Rückr linke M str.
In Rd alle M rechts str.

Zickzackmuster

In allen Rd nach der Strickschrift str, dabei den Rapport von 4 M und die 1.-12. Rd fortlaufend wdh.

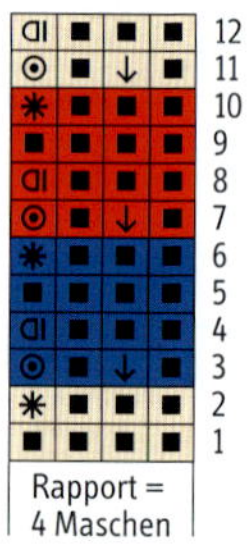

= Superweiß
= Hochrot
= Royal
= 1 Masche rechts
= Die 1. Masche links abheben, den Faden hinter der Masche weiterführen, dabei die beiden Umwicklungen der Vorrunde von der Nadel gleiten lassen.
= In die Masche 2 Runden unterhalb der aktuellen Masche einstechen und eine Fadenschlinge durchholen, dann die aktuelle Masche rechts stricken und die Fadenschlinge darüber heben.
= 1 Masche rechts, dabei den Faden 1x um die rechte Nadel wickeln
= 1 Masche wie zum Linksstricken abheben mit dem Faden hinter der Masche

Anleitung

60 M in Royal anschl, gleichmäßig auf 2 Trio-Nd verteilen (= 30 M pro Nd) und zur Rd schließen, ohne die Anschlagkante zur verdrehen. Für den 1. Rollrand 4 cm glatt rechts str. Anschließend mit dem 2. Set Trio-Nd für den 2. Rollrand 60 M in Hochrot anschl und 3 cm glatt rechts arb. Den 2. Rollrand über den 1. Rollrand stülpen und je 1 M beider Nd in Superweiß rechts zusammenstr.
Für den Schaft nun 49 Rd im Zickzackmuster str. Anschließend 5 Rd über die M der 1. Nd glatt rechts und über die M der 2. Nd weiter im Zickzackmuster arb.
Dann die Bumerangferse nach der Grundanleitung (siehe „So wird's gemacht") in Hochrot str. In den Zwischen-Rd auf dem Fußrücken über die M der 2. Nd das Zickzackmuster fortführen.
Für den Fuß über die M der 2. Nd weiter im Zickzackmuster, über die M der 1. Nd jeweils in der passenden Fb glatt rechts str. In 20 cm Fußlänge die Bandspitze nach der Grundanleitung (siehe „So wird's gemacht") in Hochrot arb.
Die 2. Socke genauso str.

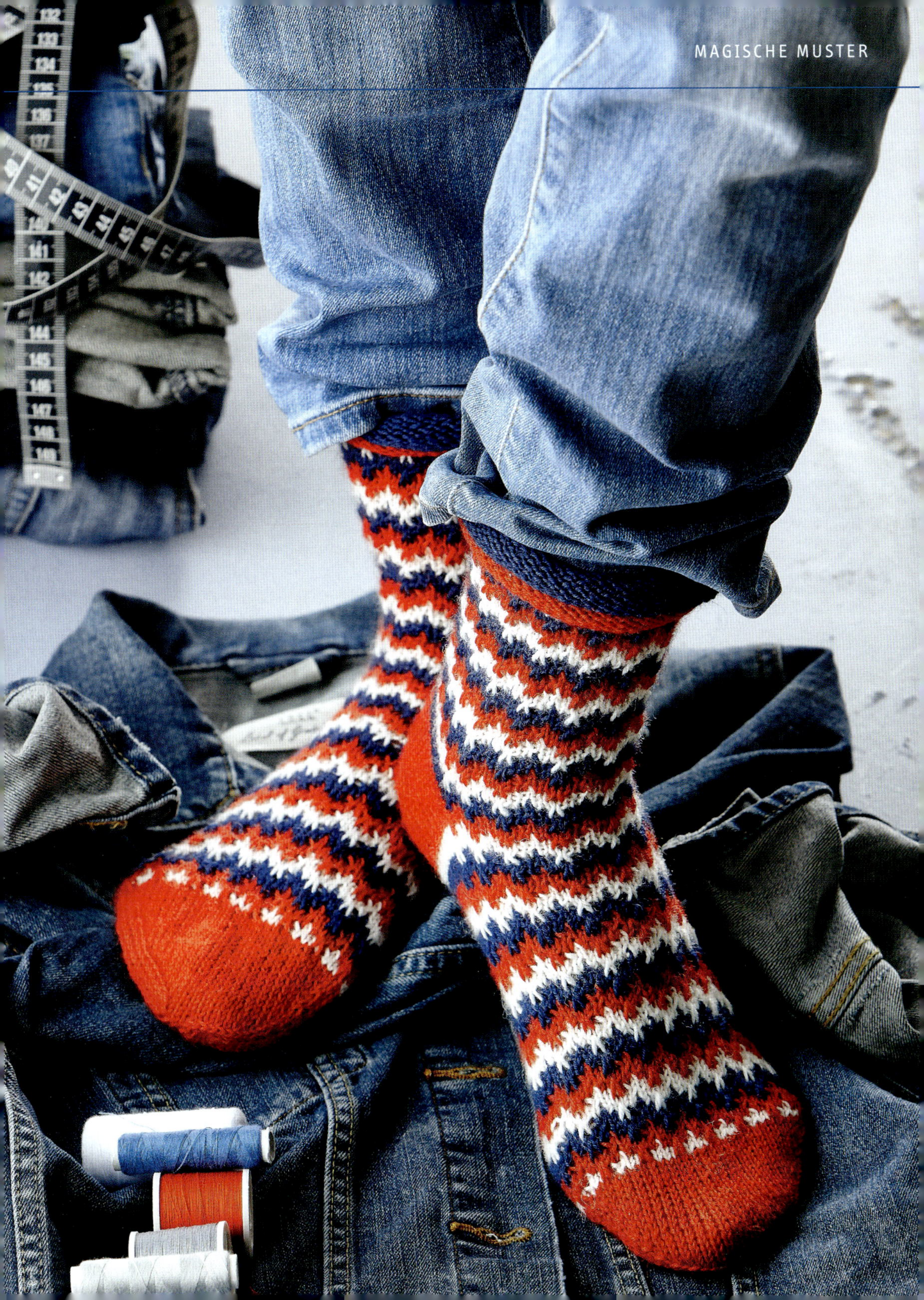

Wärmetausch

im Hausschuh-Look

GRÖSSE
38/39

MATERIAL
- Schachenmayr Regia Color 6-fädig (LL 125 m/50 g) in Ocean Color (Fb 1133), 150 g
- addiCraSyTrio 3,5 mm
- Stricknadeln 3,5 mm
- ggf. Maschenmarkierer
- 6 Druckknöpfe, ø 1,5 cm

MASCHENPROBE
Im Halbpatent mit Nd 3,5 mm 20 M und 42 Rd = 10 cm x 10 cm
Glatt rechts mit Nd 3,5 mm 22 M und 30 Rd = 10 cm x 10 cm

Glatt rechts

In Hinr rechte M, in Rückr linke M str.
In Rd alle M rechts str.

Halbpatent

In Reihen
Rückr: Rdm, 1 M rechts, 1 M links im Wechsel str, enden mit 1 M rechts, Rdm.
Hinr: Rdm, *1 M links, in die rechte M der Vor-R einstechen und 1 M rechts str, die M der Vor-R dabei auflösen, ab* fortlaufend wdh, enden mit 1 M links, Rdm.

In Runden
1. Rd: 1 M links, 1 M rechts im Wechsel str, enden mit 1 M links.
2. Rd: *1 M links, dann in die rechte M der Vor-Rd einstechen und 1 M rechts str, die M der Vor-Rd dabei auflösen, ab* fortlaufend wdh, enden mit 1 M links.
Die 1. und 2. Rd fortlaufend wdh.

Anleitung

Linke Socke

Für den Schaft 47 M auf den normalen Strickndanschl und im Halbpatent in R 22 cm str. In der folgenden Hinr die ersten 18 M jeweils mit der gegenüberliegenden M der Anschlagkante zusammenstr, dafür vor jeder M jeweils 1 M der Anschlagkante auf die linke Nd heben und beide M rechts zusammenstr und dabei abk. Für den Übertritt über die restlichen 29 M weiter im Halbpatent arb. Nach 4 cm (= 26 cm Gesamthöhe) die restlichen M in der folgenden Hinr rechts str und dabei abk.
Nun für den Fuß aus der zum Ring geschlossenen Kante 48 M aufnehmen, gleichmäßig auf 2 Trio-Nd verteilen (= 24 M pro Nd) und zur Rd schließen. Die Naht des Schafts sollte dabei an der Fußaußenseite liegen, am Ende der 1. Nd. Nun die M wie folgt einteilen und 4 Rd str – bei Bedarf 1 M-Markierer setzen: Über die M der 1. Nd glatt rechts str (= 24 M), am Fußrücken über die ersten 23 M der 2. Nd im Halbpatent str, die letzte M der 2. Nd wieder glatt rechts arb. Dann die Bumerangferse nach der Grundanleitung (siehe „So wird's gemacht") arb, in den Zwischen-Rd auf dem Fußrücken das Halbpatent wie eingeteilt fortführen. Für den Fuß über die M der 1. Nd glatt rechts, über die 2. Nd weiter im Halbpatent str.
In 20 cm Fußlänge die Bandspitze nach der Grundanleitung (siehe „So wird's gemacht") arb.

Rechte Socke

Den Schaft der rechten Socke gegengleich str.

Fertigstellen

In den Unter- und Übertritt gleichmäßig verteilt jeweils 3 Druckknöpfe einarb, dafür nach den Herstellerhinweisen die Einzelteile zwischen den M einfügen. Bitte beachten, dass der Schaft nach außen umgeschlagen wird, daher liegt die Oberseite der Druckknöpfe zunächst auf der Innenseite der Socke. Anschließend den Schaft etwa zur Hälfte nach außen umschlagen.

Mein Tipp für Sie

Hausschuhe Sie können auch Hüttenschuhsohlen aufnähen oder Latexmilch auf die Sohlen auftragen, dadurch erhalten Sie besonders rutschfeste Socken!

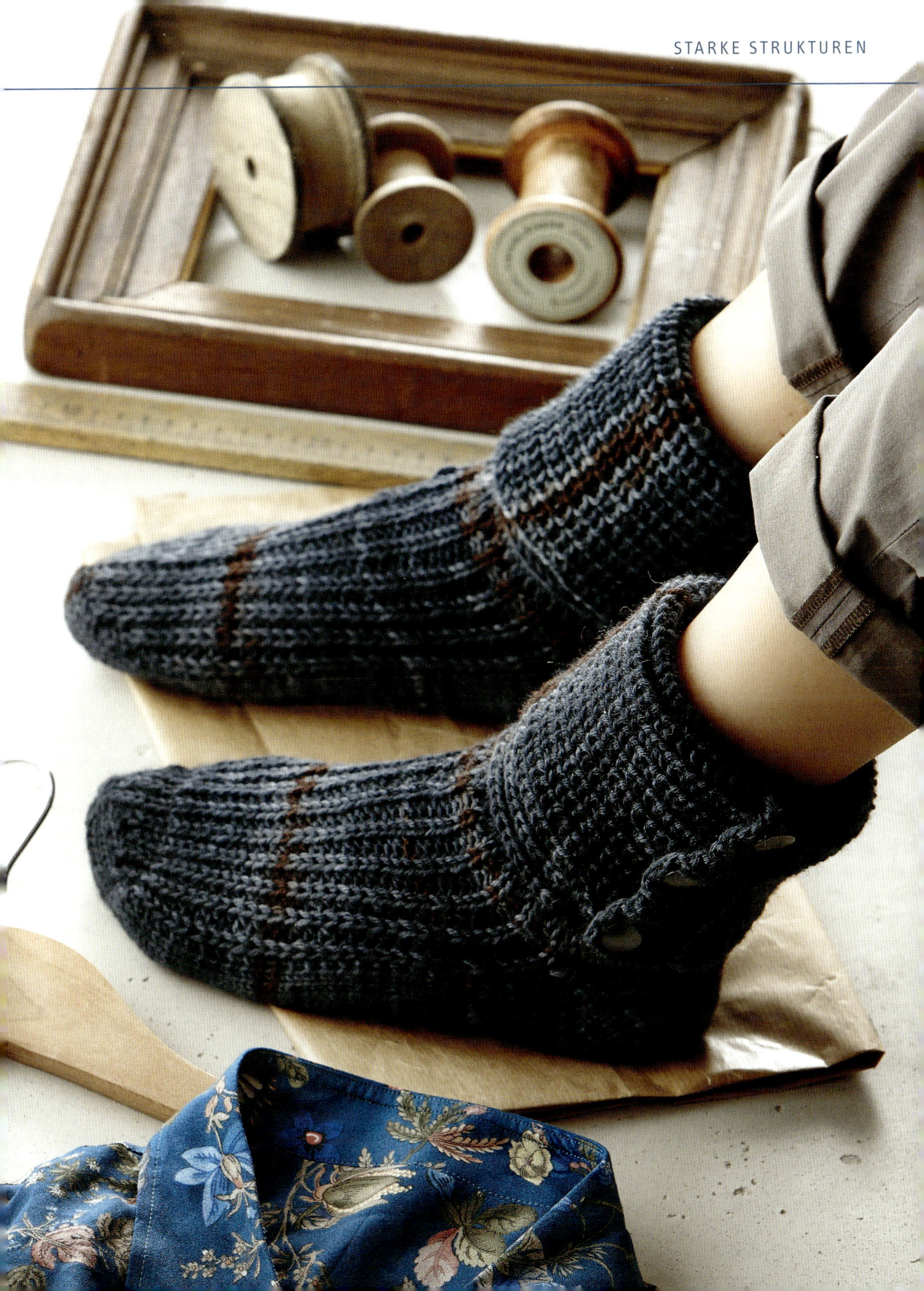

Eingewickelt

Rippenmuster mit Umwicklungen

GRÖSSE
38/39

MATERIAL

- Schachenmayr Regia 4-fädig (LL 210 m/50 g) in Burgund (Fb 315), 100 g
- addiCraSyTrio 2,5 mm
- Zopf- oder Hilfsnadel

MASCHENPROBE
Glatt rechts mit Nd 2,5 mm
30 M und 42 R
= 10 cm x 10 cm

Bündchenmuster

2 M rechts, 1 M links im Wechsel str.

Wickelmuster

M-Zahl teilbar durch 12.

In allen Rd nach der Strickschrift str, dabei den Rapport von 12 bzw. 14 M und die 1.-12. Rd fortlaufend wdh.

−	■	■		⊿	■	■	−	■	■		⊿	■	■	B
−	>	~	~	~	~	>	−	■	■	−	−	■	■	12
−	■	■	−	−	■	■	−	■	■	−	−	■	■	11
−	■	■	−	−	■	■	−	■	■	−	−	■	■	10
−	■	■	−	−	■	■	−	■	■	−	−	■	■	9
−	■	■	−	−	■	■	−	■	■	−	−	■	■	8
−	■	■	−	−	■	■	−	■	■	−	−	■	■	7
−	■	■	−	−	■	■	−	>	~	~	~	~	>	6
−	■	■	−	−	■	■	−	■	■	−	−	■	■	5
−	■	■	−	−	■	■	−	■	■	−	−	■	■	4
−	■	■	−	−	■	■	−	■	■	−	−	■	■	3
−	■	■	−	−	■	■	−	■	■	−	−	■	■	2
−	■	■	−	−	■	■	−	■	■	−	−	■	■	1
−	■	■	+	−	■	■	−	■	■	+	−	■	■	A

■ = 1 Masche rechts

− = 1 Masche links

+ = 1 Masche rechts verschränkt aus dem Querfaden zunehmen

⊿ = 2 Maschen links zusammenstricken (Rechtsneigung)

>~~~~> = 6 M auf eine Hilfsnadel legen und den Faden 3x um diese Maschen wickeln, dabei die Maschen leicht zusammenziehen. Anschließend die Maschen von der Hilfsnadel abstricken, wie sie erscheinen (2 Maschen rechts, 2 Maschen links, 2 Maschen rechts).

Anleitung

60 M anschl, gleichmäßig auf 2 Trio-Nd verteilen (= 30 M pro Nd) und zur Rd schließen, ohne die Anschlagkante zu verdrehen.
Dann 2 cm im Bündchenmuster str. Anschließend 1x Rd A des Wickelmusters als Übergangs-Rd arb, dabei wie eingezeichnet 10 M zunehmen (= 70 M/35 M pro Nd).
Nun 40 Rd im Wickelmuster str. Anschließend 1x Rd B arb und dabei 10 M wieder abnehmen (= 60 M).
In den nächsten 4 Rd über die M der 1. Nd glatt rechts und über die M der 2. Nd im Bündchenmuster arb, dabei die M str, wie sie erscheinen.
Nun die Bumerangferse nach der Grundanleitung (siehe „So wird's gemacht") arb. Anschließend für den Fuß die M der 1. Nd glatt rechts, die M der 2. Nd im Bündchenmuster str.
In 20 cm Fußlänge die Bandspitze nach der Grundanleitung (siehe „So wird's gemacht") arb.
Die 2. Socke genauso str.

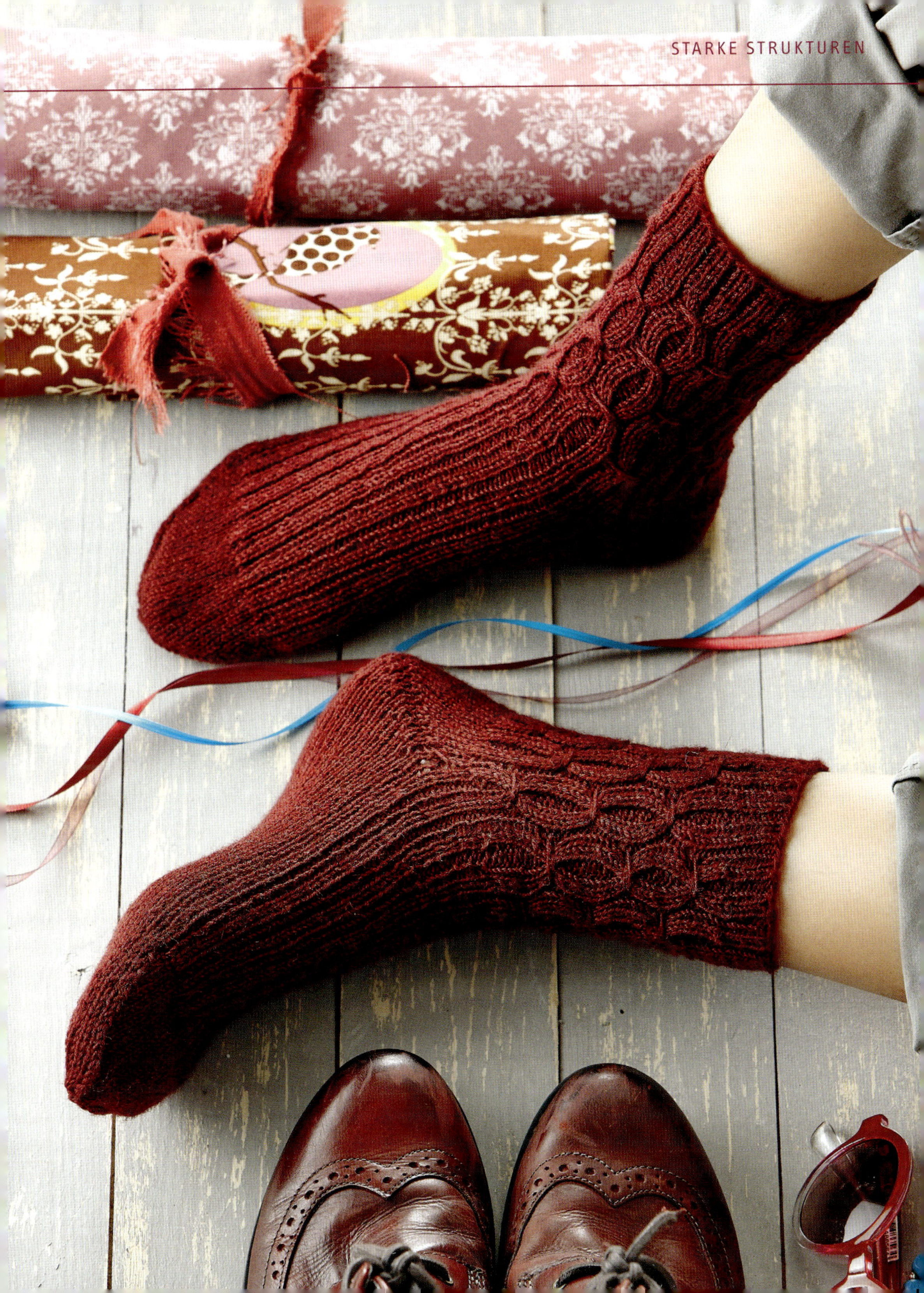

Strickchic

edles Norwegermuster

GRÖSSE
38/39

MATERIAL
- Schachenmayr Regia 4-fädig (LL 210 m/50 g) in Hellgrau (Fb 1968), Weiß (Fb 600), Aqua Fresh (Fb 6614) und Knallfrosch (Fb 6613), je 50 g
- addiCraSyTrio 2,5 mm

MASCHENPROBE
Glatt rechts
mit Nd 2,5 mm
30 M und 42 R
= 10 cm x 10 cm

Bündchenmuster

1 M rechts, 1 M links im Wechsel str.

Glatt rechts

In Hinr rechte M, in Rückr linke M str.
In Rd alle M rechts str.

Rautenmuster

In allen Rd glatt rechts nach dem Zählmuster str. Den Rapport von 15 M insgesamt 4x str, die 1.-13. Rd fortlaufend wdh.

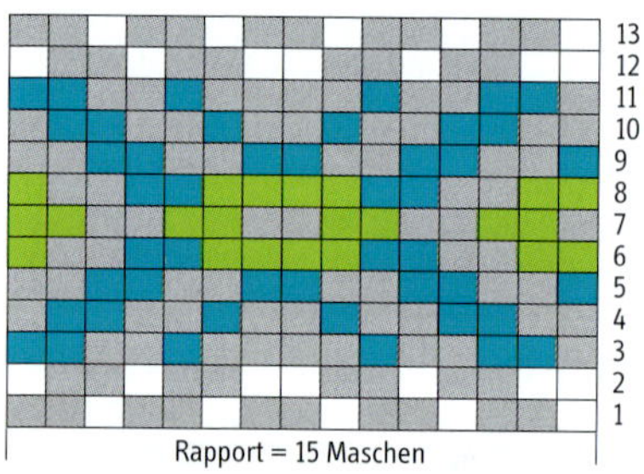

= 1 Masche in Hellgrau
= 1 Masche in Aqua Fresh
= 1 Masche in Knallfrosch
= 1 Masche in Weiß

Anleitung

60 M in Hellgrau anschl, gleichmäßig auf 2 Trio-Nd verteilen (= 30 M pro Nd) und zur Rd schließen, ohne die Anschlagkante zu verdrehen. Dann 3 cm im Bündchenmuster und 1 Rd glatt rechts str.
Nun für den Schaft im Rautenmuster 3x die 1.-13. Rd und 1x die 1.-12. Rd (= ca. 13 cm) arb. Die Bumerangferse nach der Grundanleitung (siehe „So wird's gemacht") str, dabei die 1. Hälfte in Hellgrau arb, in den 2 Zwischen-Rd über alle M die 13. und 1. Rd des Rautenmusters arb, dann die 2. Hälfte in Hellgrau str. Weiter über alle M im Rautenmuster bis zur Spitze str.
In ca. 20 cm Fußlänge in Hellgrau 1 Rd rechte M str, dann die Bandspitze nach der Grundanleitung (siehe „So wird's gemacht") arb.
Die 2. Socke genauso str.

Mein Tipp für Sie

Bordüre Sie möchten nicht die ganze Socke im Muster stricken? Eine Bordüre des Rautenmusters setzt in einer schlichten, unifarbenen Socke farbige Akzente. Dafür im Schaft nur einmal den Musterrapport in der Höhe einstricken.

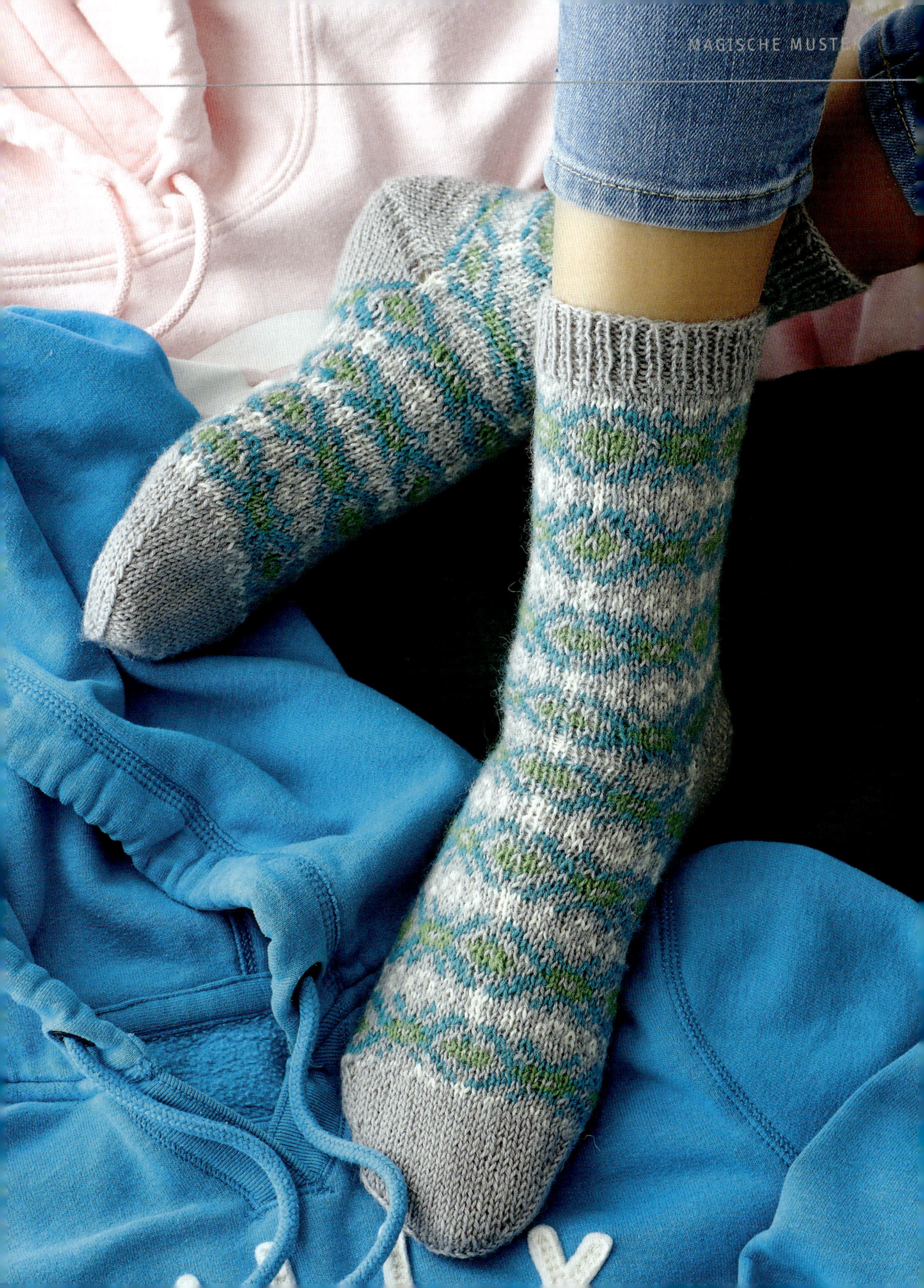

Ringelreihen

mit Hebemaschen

GRÖSSE
20/21

MATERIAL
- Schachenmayr Regia 4-fädig (LL 210 m/50 g) in Blatt (Fb 2082) und Gelb (Fb 2041), je 50 g
- addiCraSyTrio 2,5 mm

MASCHENPROBE
Glatt rechts mit Nd 2,5 mm
30 M und 42 R
= 10 cm x 10 cm

Bündchenmuster

1 M rechts, 1 M links im Wechsel str.

Glatt rechts

In Hinr rechte M, in Rückr linke M str.
In Rd alle M rechts str.

Hebemaschenmuster

M-Zahl teilbar durch 4.
1.+2. Rd (Gelb): *3 M rechts str, 1 M links abheben mit dem Faden hinter der M, ab* fortlaufend wdh.
3.-12. Rd (Gelb): Rechte M str.
13.+14. Rd (Blatt): *3 M rechts str, 1 M links abheben mit dem Faden hinter der M, ab* fortlaufend wdh.
15.-24. Rd (Blatt): Rechte M str.
Die 1.-24. Rd fortlaufend wdh.

Anleitung

44 M in Blatt anschl, gleichmäßig auf 2 Trio-Nd verteilen (=22 M pro Nd) und zur Rd schließen, ohne die Anschlagkante zu verdrehen. 2 cm im Bündchenmuster str. Weiter 4 Rd glatt rechts str, dann im Hebemaschenmuster arb.
In ca. 10 cm Schaftlänge bzw. nach 5 Rd glatt rechts in Gelb die Bumerangferse nach der Grundanleitung (siehe „So wird's gemacht") in Gelb str.
Danach über alle M im Hebemaschenmuster weiterstr. In 10,5 cm Fußlänge die Bandspitze nach der Grundanleitung (siehe „So wird's gemacht") in Blatt str.
Das 2. Söckchen genauso str.

Größentabelle für Baby- und Kleinkindersocken

Größe	Baby	14/15	16/17	18/19	20/21
Maschenanschlag/Maschenzahl je Nadel	36/18	36/18	40/20	40/20	44/22
Fußlänge bis Spitzenbeginn in cm	7	7,5	8,5	9,5	10,5
Abnahmen für Bandspitze nach der 1. Abnahmerunde					
In der 3. Runde	1x	1x	1x	1x	1x
In jeder 2. Runde	2x	3x	3x	3x	3x
In jeder Runde	3x	2x	3x	3x	4x
Gesamt-Fußlänge in cm	9,5	10,5	11,5	12,5	13,5

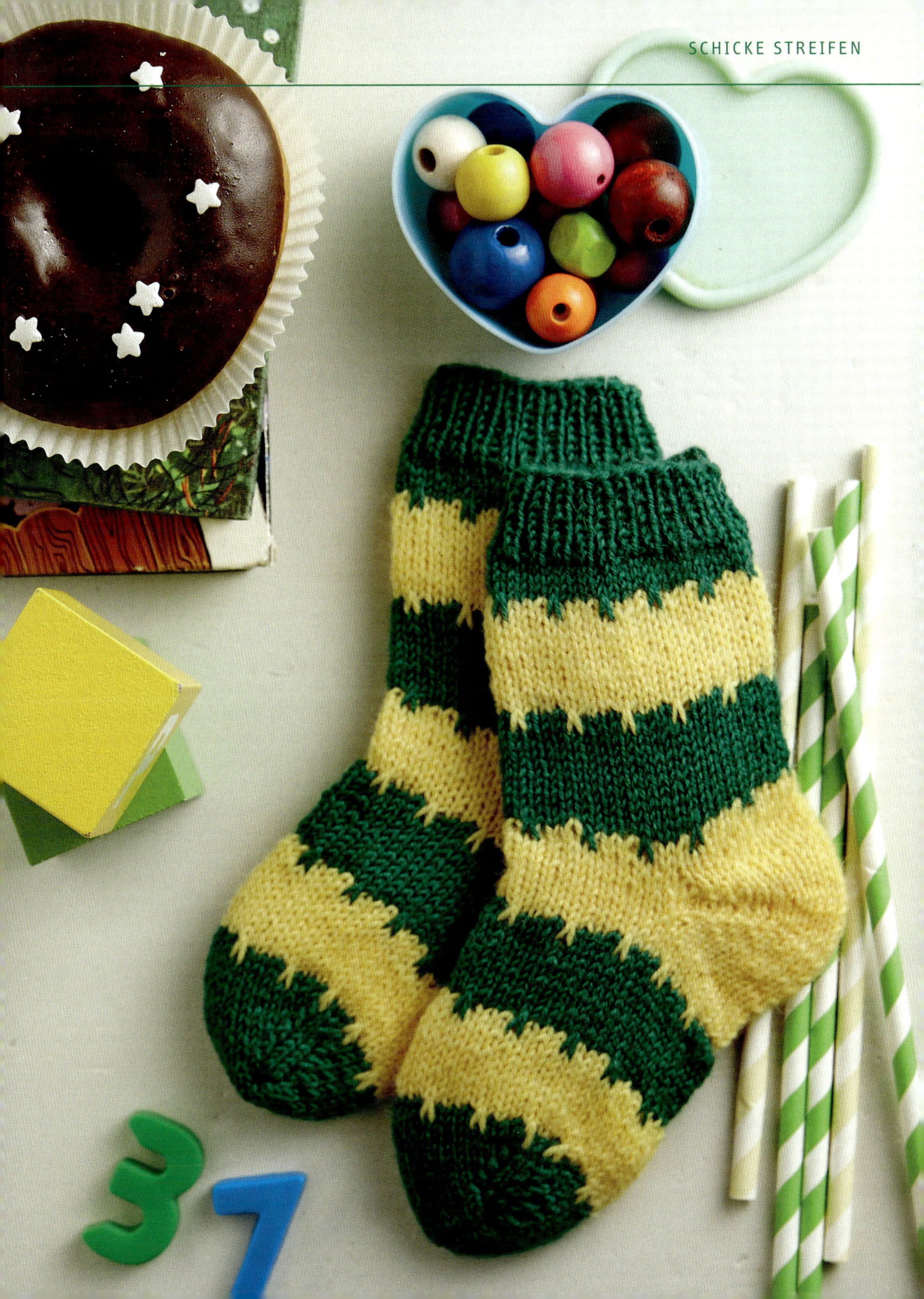

Geradlinig

im falschen Patentmuster

GRÖSSE
42/43

MATERIAL

- Schachenmayr Regia 4-fädig (LL 210 m/50 g) in Mittelgrau meliert (Fb 44), 100 g, und in Schwarz (Fb 2066), 50 g
- addiCraSyTrio 2,5 mm

MASCHENPROBE
Glatt rechts
mit Nd 2,5 mm
30 M und 42 R
= 10 cm x 10 cm

Bündchenmuster

1 M rechts, 1 M links im Wechsel str.

Glatt rechts

In Hinr rechte M, in Rückr linke M str.
In Rd alle M rechts str.

Einfarbiges falsches Patentmuster

M-Zahl teilbar durch 4.
In Mittelgrau meliert str.
1. Rd: 2 M rechts, dann 1 M links, 3 M rechts im Wechsel str, mit 1 M links, 1 M rechts enden.
2. Rd: 1 M rechts, 3 M links im Wechsel str.
Die 1. und 2. Rd fortlaufend wdh.

Zweifarbiges falsches Patentmuster

Maschenzahl teilbar durch 4.
1. Rd (Schwarz): * 1 M mit 1 U links abheben, 1 M rechts, 1 M links, 1 M rechts, ab * fortlaufend wdh.
2. Rd (Mittelgrau meliert): * Die folgende M mit dem U rechts zusammenstr, 3 M links, ab * fortlaufend wdh.
Die 1. und 2. Rd fortlaufend wdh.

Blockstreifenmuster

26 Rd im zweifarbigen falschen Patentmuster (Schwarz und Mittelgrau meliert) und 22 Rd im einfarbigen falschen Patentmuster (Mittelgrau meliert) im Wechsel str.

Anleitung

64 M in Mittelgrau meliert anschl, gleichmäßig auf 2 Trio-Nd verteilen (= 32 M pro Nd) und zur Rd schließen, ohne die Anschlagkante zu verdrehen. 4 cm im Bündchenmuster str, dann zum Blockstreifenmuster wechseln.
Nach dem zweiten Streifen im zweifarbigen falschen Patentmuster (= ca. 18 cm Schafthöhe) in Mittelgrau meliert 4 Rd über die M der 1. Nd glatt rechts, über die M der 2. Nd im einfarbigen falschen Patentmuster str.
Danach die Bumerangferse nach der Grundanleitung (siehe „So wird's gemacht") in Mittelgrau meliert arb.
Nun über 31 M der 1. Nd glatt rechts str, die letzte M der 1. Nd und alle M der 2. Nd (= 33 M) im Blockstreifenmuster arb, dabei auf der Sohle die Fb-Wechsel des zweifarbigen Patentmusters ebenfalls beibehalten.
Nach dem dritten Streifen im einfarbigen falschen Patentmuster glatt rechts in Mittelgrau meliert weiterstr und in ca. 22 cm Fußlänge die Bandspitze nach der Grundanleitung (siehe „So wird's gemacht") arb.
Die 2. Socke genauso str.

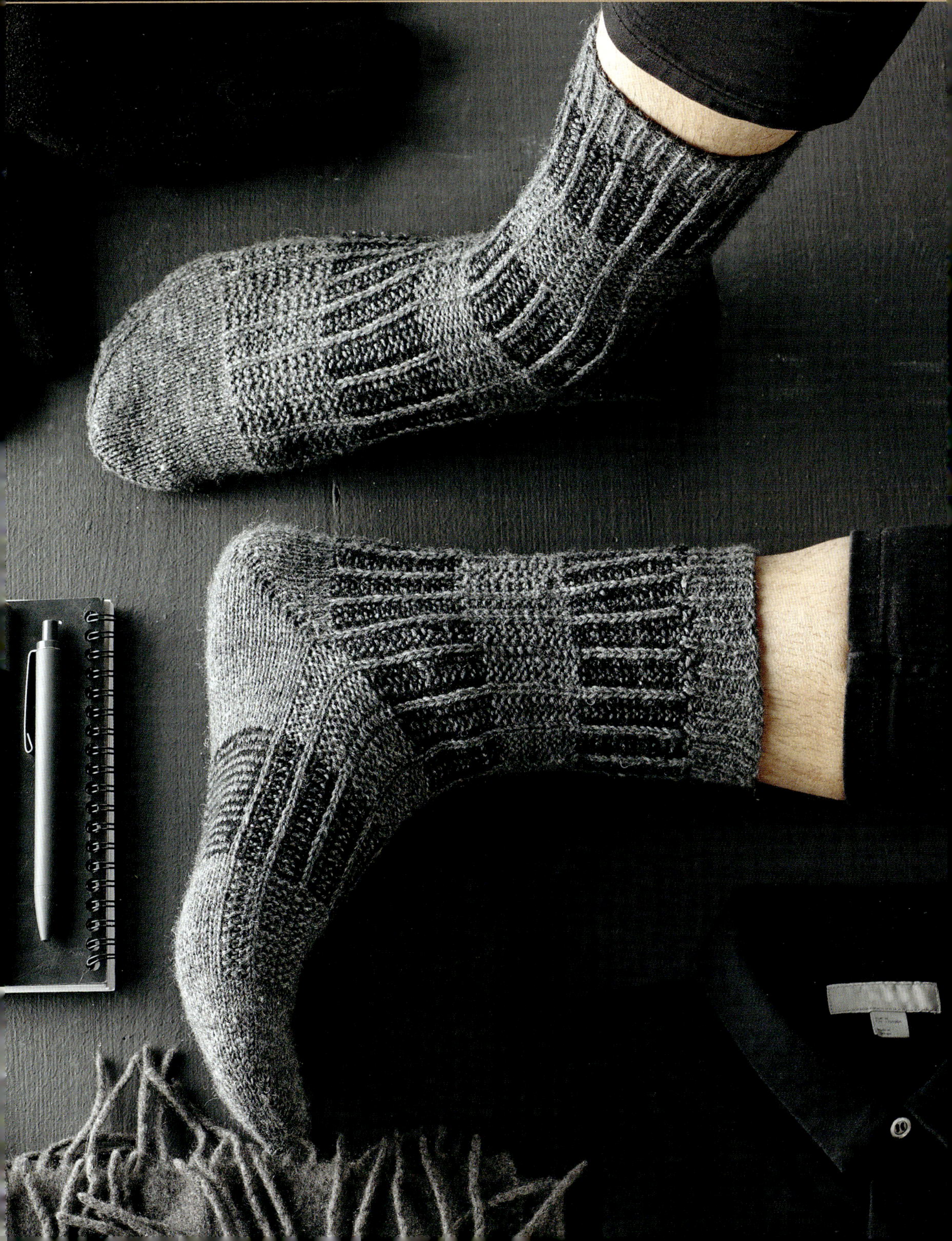

Die ansprechende Farbkombination macht diese schlichten Socken besonders attraktiv.

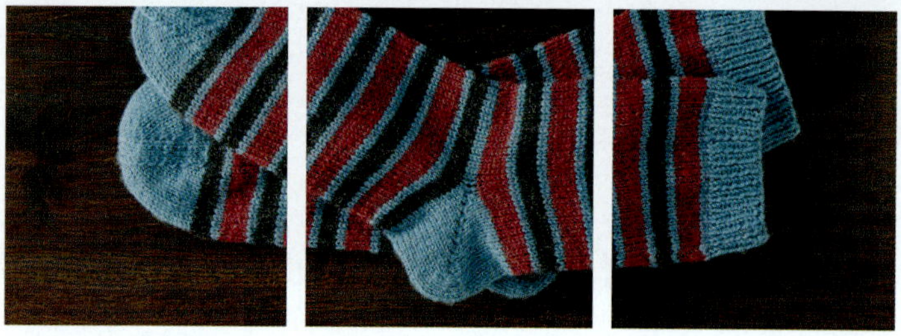

Streiflicht

in Lieblingsfarben

GRÖSSE
38/39

MATERIAL

- Schachenmayr Regia 4-fädig (LL 210 m/50 g) in Kardinal (Fb 1078), 50 g
- Schachenmayr Regia Silk (LL 200 m/50 g) in Salbei (Fb 18) und Anthrazit meliert (Fb 98), je 50 g
- addiCraSyTrio 2,5 mm

MASCHENPROBE
Glatt rechts
mit Nd 2,5 mm
30 M und 42 R
= 10 cm x 10 cm

Bündchenmuster

1 M rechts, 1 M links im Wechsel str.

Glatt rechts

In Hinr rechte M, in Rückr linke M str.
In Rd alle M rechts str.

Streifenfolge

2 Rd Salbei, 6 Rd Kardinal, 2 Rd Salbei, 4 Rd Anthrazit meliert, ab fortlaufend wdh.

Anleitung

60 M in Salbei anschl, gleichmäßig auf 2 Trio-Nd verteilen (= 30 M pro Nd) und zur Rd schließen, ohne die Anschlagkante zu verdrehen.
3 cm im Bündchenmuster str. Danach glatt rechts in der Streifenfolge weiterarb. Für den Schaft die Streifenfolge 3x ausführen, dann noch 2 Rd in Salbei und 6 Rd in Kardinal str. Danach noch 4 Rd in Salbei str und anschließend die Bumerangferse ebenfalls in Salbei nach der Grundanleitung (siehe „So wird's gemacht") arb.
Den Fuß und die Bandspitze nach der Grundanleitung (siehe „So wird's gemacht") ausführen, dabei den Fuß in der Streifenfolge (beginnend mit 4 Rd Anthrazit meliert), die Bandspitze in Salbei str.
Die 2. Socke genauso str.

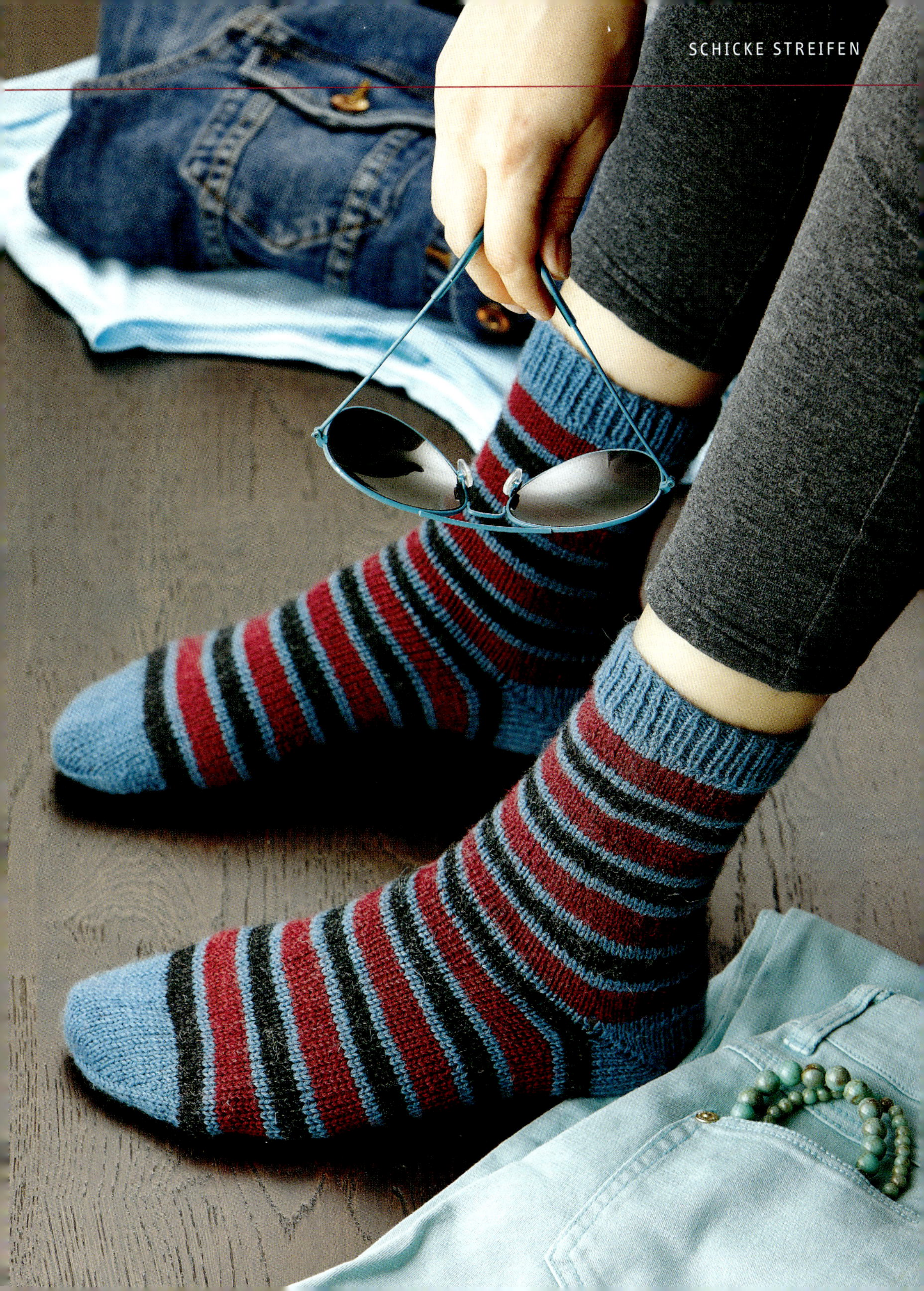

Spiralnebel

Socken ohne Ferse

GRÖSSE
40/41

MATERIAL
- Schachenmayr Regia Color 4-fädig (LL 210 m/50 g) in Wild Patina Color (Fb 7956), 100 g
- addiCraSyTrio 2,5 mm

MASCHENPROBE
Glatt rechts
mit Nd 2,5 mm
30 M und 42 R
= 10 cm x 10 cm

Bündchenmuster

1 M rechts, 1 M links im Wechsel str.

Glatt rechts

In Hinr rechte M, in Rückr linke M str.
In Rd alle M rechts str.

Spiralmuster

M-Zahl teilbar durch 8.
1.-4. Rd: * 4 M rechts, 4 M links str, ab * fortlaufend wdh.
5.-8. Rd: Das Muster um 1 M versetzen: 3 M rechts, * 4 M links, 4 M rechts, ab * fortlaufend wdh und enden mit 1 M rechts.
Das Muster in jeder 5. Rd weiter um 1 M versetzen.

Anleitung

64 M anschl, gleichmäßig auf 2 Trio-Nd verteilen (= 32 M pro Nd) und zur Rd schließen, ohne die Anschlagkante zu verdrehen.
5 cm im Bündchenmuster str. Danach die Socke im Spiralmuster als einfachen Schlauch bis zu einer Gesamtlänge von ca. 45 cm str.
Dann die Bandspitze nach der Grundanleitung (siehe „So wird's gemacht") ausführen.
Die 2. Socke genauso str.

Mein Tipp für Sie

Passend Durch das Versetzen des Rapports dreht sich das Muster dieser Socke spiralförmig. Dadurch wird die Socke besonders elastisch und passt sich der Fußform an, ohne dass speziell eine Ferse gearbeitet werden muss.
Gerade bei Kinderfüßen können die Socken so auch praktisch mitwachsen und passen auch dann, wenn man die Größe nicht genau weiß. Für Kindersocken können Sie das Muster mit jeweils 3 Maschen rechts und 3 Maschen links stricken.

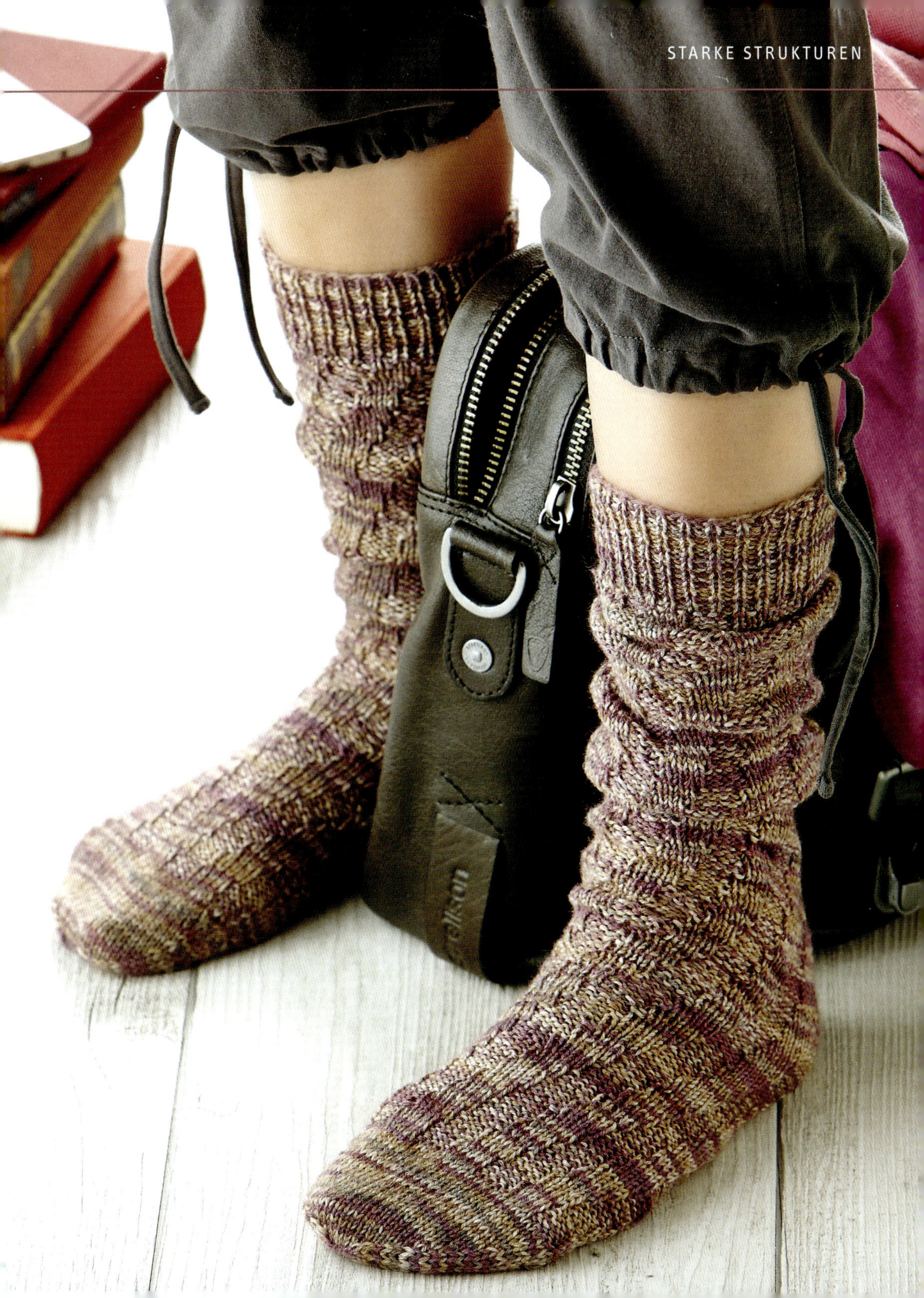

TOPP – Unsere Servicegarantie

WIR SIND FÜR SIE DA! Bei Fragen zu unserem umfangreichen Programm oder Anregungen freuen wir uns über Ihren Anruf oder Ihre Post. Loben Sie uns, aber scheuen Sie sich auch nicht, Ihre Kritik mitzuteilen – sie hilft uns, ständig besser zu werden.

Bei Fragen zu einzelnen Materialien oder Techniken wenden Sie sich bitte an unseren Kreativservice, Frau Erika Noll.
mail@kreativ-service.info
Telefon 07 11 / 12 37 57 20

Das Produktmanagement erreichen Sie unter:
pm@frechverlag.de
oder:
frechverlag
Produktmanagement
Dieselstraße 5
70839 Gerlingen
Telefon 07 11 / 8 30 86 68

LERNEN SIE UNS BESSER KENNEN! Fragen Sie Ihren Hobbyfach- oder Buchhändler nach unserem kostenlosen Magazin **Meine kreative Welt**. Darin entdecken Sie dreimal im Jahr die neuesten Kreativtrends und interessantesten Buchneuheiten.

Oder besuchen Sie uns im Internet! Unter **www.topp-kreativ.de** können Sie sich über unser umfangreiches Buchprogramm informieren, unsere Autoren kennenlernen sowie aktuelle Highlights und neue Kreativtechniken entdecken, kurz – die ganze Welt der Kreativität.

Kreativ immer up to date sind Sie mit unserem monatlichen **Newsletter**. Für aktuelle Infos, Gratis-Anleitungen und Gewinnspiele gleich anmelden unter **www.TOPP-kreativ.de/Newsletter**

DANKE!
Wir danken der Firma MEZ GmbH für die Unterstützung bei diesem Buch:
www.schachenmayr.com
www.mezcrafts.com

MIX
Paper | Supporting responsible forestry
FSC® C187910
FSC www.fsc.org

Penguin Random House Verlagsgruppe
FSC® N001967

IMPRESSUM

MODELLE: Tanja Steinbach (S. 2-21), Gisela Klöpper (S. 22-27), Milla Schön (S. 22-31), Beate Hilbig (S. 27-31)
FOTOS: frechverlag GmbH, 70839 Gerlingen; lichtpunkt, Michael Ruder, Stuttgart
PRODUKTMANAGEMENT: Mareike Upheber, Miriam Heil
LEKTORAT: Petra Puster, Niederpöcking
GESTALTUNG: Petra Theilfarth
DRUCK: Tiskárna Grafico s.r.o., Tschechische Republik

10. Auflage 2025

ISBN 978-3-7724-6998-5 • Best.-Nr. 6998